Sams Briefe
an Jennifer

James
Patterson

Sams Briefe an Jennifer

ROMAN

Aus dem Amerikanischen
von Andreas Jäger

Weltbild

Die amerikanische Originalausgabe erschien 2004
unter dem Titel *Sam's Letters to Jennifer*
bei Little, Brown and Company, New York.

Besuchen Sie uns im Internet:
www.weltbild.de

Genehmigte Lizenzausgabe für Verlagsgruppe Weltbild GmbH,
Steinerne Furt, 86167 Augsburg

Übersetzung: Andreas Jäger
Umschlaggestaltung: Atelier Seidel, Neuötting
Umschlagmotiv: ZEFA Visual Media, Düsseldorf
(© masterfile / Pierre Arsenault)
Gesamtherstellung: GGP Media GmbH, Pößneck
Printed in Germany
ISBN 3-8289-7758-8

2008 2007 2006 2005
Die letzte Jahreszahl gibt die aktuelle Lizenzausgabe an.

Prolog

Wie immer schon

Sam und ich haben den Strand beinahe für uns allein, hier am Ufer des Michigansees, ein Stück nördlich des Drake Hotel in Chicago. Das Drake ist für uns beide ein Ort kostbarer Erinnerungen, und vorher haben wir dort an unserem Lieblingstisch zu Abend gegessen. Heute brauche ich Sams Nähe, denn es ist jetzt ein Jahr her, seit – nun ja, seit das passiert ist, was nicht hätte passieren dürfen. Ein Jahr ist vergangen seit Dannys Tod.

»Genau hier bin ich Danny zum ersten Mal begegnet, Sam. Vor sechs Jahren im Mai«, sage ich.

Sam kann wunderbar zuhören, achtet stets darauf, mir in die Augen zu sehen, während ich erzähle, und interessiert sich fast immer für das, was ich zu sagen habe, selbst wenn es nicht gerade sehr mitreißend ist, wie zum Beispiel jetzt. Wir sind ein Herz und eine Seele, seit ich zwei Jahre alt war, vielleicht sogar noch länger. Alle sagen, dass wir ein »ganz entzückendes Paar« sind, was für unseren Geschmack ein wenig kitschig klingt. Aber es ist nun einmal die Wahrheit.

»Es war bitterkalt an dem Abend, als ich Danny kennen lernte, und ich hatte eine dicke Erkältung. Und zu allem Überfluss hatte mich mein damaliger Freund Chris, dieses Ekel, aus unserer Wohnung ausgesperrt.«

»Dieser widerwärtige Kerl, dieses Miststück«, steuert Sam bei. »Ich habe Chris nie leiden können.«

»Und da kommt plötzlich dieser nette Kerl namens Danny vorbeigejoggt und fragt mich, ob alles in Ordnung ist. Ich huste und schniefe und heule und bin ganz einfach fix und fertig. Und ich antworte: ›Sehe ich vielleicht so aus, als ob alles in Ordnung wäre? Kümmern Sie sich gefälligst um Ihre eigenen Angelegenheiten! Wenn Sie meinen, Sie könnten mich abschleppen, dann haben Sie sich aber gewaltig getäuscht. Und jetzt machen Sie 'ne Fliege, aber plötzlich!‹« Ich lachte kurz auf und sah Sam an. »Damit hatte ich meinen Spitznamen weg: ›Fliege‹. Na, jedenfalls kam Danny auf dem Rückweg von seinem Strandlauf noch mal vorbei. Er sagte, er hätte mich drei Kilometer weit husten gehört. Und er hat mir einen Kaffee gebracht, Sam. Er ist mit einer Tasse heißem Kaffee den Strand langgelaufen, und das alles wegen einer wildfremden Frau.«

»Wegen einer wunderschönen wildfremden Frau, das musst du zugeben.«

Ich verstummte. Sam nahm mich in den Arm und sagte: »Du hast so viel durchgemacht. Es ist furchtbar, und es ist so unfair. Ich wünschte, ich hätte einen Zauberstab und könnte machen, dass es dir wieder gut geht.«

Ich zog einen zusammengefalteten und zerknitterten Umschlag aus meiner Jeanstasche. »Das hat Danny mir geschrieben. Aus Hawaii. Heute vor einem Jahr.«

»Komm, Jennifer, lass es raus. Heute Abend will ich alles hören.«

Ich entfaltete den Brief und begann zu lesen. Schon jetzt hatte ich einen Kloß im Hals.

Meine geliebte, wunderbare, hinreißende Jennifer …

Du kannst viel besser mit Worten umgehen als ich; aber ich hatte einfach das Bedürfnis, etwas von dem festzuhalten, was deine Wahnsinnsnachricht in mir ausgelöst hat. Ich hätte nie gedacht, dass du mich noch glücklicher machen könntest, als ich ohnehin schon bin, aber ich habe mich getäuscht.

Jenny, ich schwebe im siebten Himmel und kann gar nicht richtig glauben, was ich fühle. Ich bin ganz bestimmt der glücklichste Mann auf der ganzen Welt. Ich habe die beste aller Frauen geheiratet, und jetzt werde ich mit ihr auch noch das beste aller Babys haben. Wie sollte ich da kein guter Vater werden? Und das werde ich sicherlich sein, ich verspreche es dir.

Ich liebe dich heute noch viel mehr als gestern, und du würdest nie glauben, wie sehr ich dich gestern geliebt habe.

Ich liebe dich – und unser kleines »Würmchen« …

Danny

Die Tränen liefen mir über die Wangen. »Ich bin wirklich ein großes Kind«, sagte ich. »Eine richtige Heulsuse.«

»Nein, du bist eine der stärksten Frauen, die ich kenne. Du hast so viel verloren, und du kämpfst immer noch weiter.«

»Ja, aber diesen Kampf kann ich nicht gewinnen. Ich werde verlieren. Ich habe keine Chance, Sam.«

Da nahm Sam mich in den Arm und drückte mich ganz fest, und wenigstens für den Augenblick war alles besser – wie immer schon.

Erster Teil

Die Briefe

1

Ich hatte eine Zweizimmerwohnung in einem Altbau in Wrigleyville. Danny und ich hatten alles an dieser Wohnung gemocht – den Blick auf die Stadtlandschaft, die Nähe zum »echten« Chicago, die Einrichtung, die wir zusammen ausgesucht hatten. Ich verbrachte mehr und mehr Zeit dort, ich »verkroch mich«, wie meine guten Freunde sagten. Sie sagten auch, ich sei »mit meinem Job verheiratet«, ein »hoffnungsloser Fall«, ein »Workaholic«, »eine alte Jungfer in spe« oder »beziehungsmäßig unterbelichtet« – um nur einige ihrer originellsten Sticheleien zu zitieren. Leider trafen sie allesamt ins Schwarze – und mir selbst wären auch noch ein paar eingefallen.

Ich versuchte nicht an das Geschehene zu denken, doch es war sehr schwer. Noch Monate nach Dannys Tod war ich von diesem furchtbaren Gedanken besessen: *Ich kann ohne dich nicht atmen, Danny.*

Auch nach anderthalb Jahren noch musste ich mich regelrecht zwingen, nicht an den Unfall zu denken und an alles, was danach passiert war.

Irgendwann hatte ich dann doch angefangen, wieder mit Männern auszugehen – mit Teddy, einem langen, schlaksigen *Tribune*-Redakteur; mit dem Sportfreak Mike, den ich bei einem Spiel der Cubs kennen gelernt hatte; mit Corey, einem Blind Date aus dem zehnten Kreis der Hölle. Mir war dieses rituelle Geturtel zuwider, aber das Leben ging doch schließlich weiter, nicht wahr? Ich hatte jede Menge gute Freunde – Paare, allein stehende Frauen, ein paar Männer, die einfach nur Kumpels waren. Doch, ehrlich. Jedem, der es hören wollte, sagte ich, es gehe mir blendend. Das war natürlich ziemlicher Unsinn, und meine guten Freunde wussten es.

Wie dem auch sei, da saß ich nun an meinem Schreibtisch, hatte noch genau drei Stunden, um meine wahnsinnig interessante, unglaublich beeindruckende Kolumne für die *Tribune* zu schreiben, und war völlig blockiert. Drei Ansätze waren schon im Papierkorb gelandet, und ich starrte wieder auf einen leeren Bildschirm. Das wirklich knifflige Problem für jemanden, der eine »geistreiche« Zeitungskolumne zu schreiben hat, ist, dass die Kollegen Mark Twain, Oscar Wilde und Dorothy Parker schon so ziemlich alles Sagenswerte gesagt haben, und zwar besser, als ich es je formulieren könnte.

Ich hievte mich also aus dem Sofa hoch, legte eine Ella-Fitzgerald-CD auf und drehte die Klimaanlage auf superkühl. Ich trank einen Schluck Kaffee vom Nobel-Coffeeshop um die Ecke und fand ihn einfach köstlich. Ja, der Trost der kleinen Dinge …

Dann tigerte ich in meinem aktuellen Autorinnen-Outfit im Wohnzimmer auf und ab: einem von Dannys *Uni-*

versity-of-Michigan-Jogginganzügen und meinen roten Glücksbringer-Socken, die ich immer gerne beim Schreiben trug. Dabei paffte ich eine Newport Light – die jüngste in einer ganzen Reihe schlechter Angewohnheiten, die ich mir in letzter Zeit zugelegt hatte. »Du bist immer nur so gut wie deine letzte Kolumne«, hat Mike Royko einmal gesagt – ein wahres Wort und eines, das mir keine Ruhe lässt. Wer mir auch keine Ruhe lässt, ist meine magersüchtige neunundzwanzigjährige Chefredakteurin Debbie, die früher bei einem Londoner Boulevardblatt gearbeitet hat und zu ihrer Morgenthal-Frederics-Brille nur Versace und Prada trägt.

Das Problem ist, dass mir meine Kolumne wirklich wichtig ist. Ich gebe mir große Mühe, originell zu sein, dann und wann einmal eine wirklich brillante Formulierung hervorzubringen und immer, aber auch immer pünktlich abzugeben.

Und deshalb war ich nicht ans Telefon gegangen, das in den letzten Stunden des Öfteren geläutet hatte. Verflucht hatte ich es allerdings schon, und das mehr als einmal.

Es ist verdammt schwer, dreimal die Woche erfrischend und originell zu sein, und das fünfzig Wochen im Jahr – aber das ist schließlich der Job, für den die *Trib* mich bezahlt. Und in meinem Fall ist mein Job auch mehr oder weniger mein Leben.

Umso merkwürdiger, dass so viele Leserinnen und Leser mir schreiben, wie sehr sie mich um mein glamouröses

Leben beneiden und wie gerne sie mit mir tauschen würden – Augenblick mal, war das vielleicht eine Idee?

Das plötzliche Gepolter hinter meinem Rücken kam von Sox, meiner einjährigen Nicht-ganz-Tigerkatze, die *The Devil in the White City* vom Regal geschubst und damit Euphoria aufgeschreckt hatte, die bis dahin friedlich vor sich hin gedöst hatte – und zwar auf der Schreibmaschine, auf der angeblich F. Scott Fitzgerald *Zärtlich ist die Nacht* getippt hatte. Ob Zelda auch *Darf ich um diesen Walzer bitten?* darauf geschrieben hatte?

Und als jetzt das Telefon erneut klingelte, schnappte ich gleich danach.

Als ich hörte, wer dran war, fuhr mir der Schreck durch alle Glieder. Es war John Farley, Priester und alter Freund der Familie aus Lake Geneva in Wisconsin. Seine Stimme versagte, als er »Hallo« sagte, und ich hatte das unbestimmte Gefühl, dass er weinte.

»Ich rufe wegen Sam an«, sagte er.

2

Ich hielt den Telefonhörer mit beiden Händen fest gepackt. »Was ist passiert?«

Ich hörte, wie er die Luft durch die Zähne einzog, bevor er antwortete. »Ach, es gibt einfach keine angenehme Art, es dir beizubringen, Jennifer. Deine Großmutter ist gestürzt«, sagte er. »Es sieht nicht gut aus.«

»O nein!«, stieß ich hervor. In Gedanken war ich plötzlich wieder in Lake Geneva, einem Ferienort ungefähr anderthalb Autostunden nördlich von Chicago. Hier hatte ich die meisten Sommer meiner Kindheit verbracht – mit die besten Wochen meines Lebens.

»Sie war allein zu Haus, deshalb weiß niemand so ganz genau, was eigentlich passiert ist«, fuhr er fort. »Nur, dass sie im Koma liegt. Kannst du herkommen, Jennifer?«

Die Nachricht war ein Schock für mich. Erst vor zwei Tagen hatte ich zuletzt mit Sam gesprochen. Wir hatten über mein Liebesleben gewitzelt, und sie hatte gedroht, mir eine Schachtel anatomisch entsprechend ausgestatteter Lebkuchenmänner zu schicken. Sam ist eine richtige Komikerin – das war sie schon immer.

Ich brauchte gerade mal fünf Minuten, um ein paar Sachen in eine Sporttasche zu stopfen und mich umzuziehen. Etwas länger dauerte es, bis ich Euphoria und Sox eingefangen und für die unerwartete Reise in ihre Transportkäfige gesteckt hatte.

Kurz darauf ließ ich den Motor meines alten Jaguars aufheulen und brauste die Addison Street hinunter in Richtung I-94 Nord. Der 1996er Jaguar Vanden Plas ist eine nachtblaue Limousine, und er war unser ganzer Stolz, als Danny noch lebte. Ein Prachtstück mit einem kuriosen Extra: Der Wagen hat zwei Benzintanks.

Ich versuchte, an alles Mögliche zu denken, nur nicht an Sam. Meine Großmutter war der einzige Mensch, der mir geblieben war; andere Verwandte hatte ich nicht mehr.

Als ich zwölf Jahre alt war, starb meine Mutter, und Sam wurde meine beste Freundin. Ihre Ehe mit meinem Opa Charles machte mich und alle anderen, die sie kannten, neidisch auf ihr Glück. Es war nicht gerade leicht, an meinen Großvater heranzukommen, aber wenn man einmal mit ihm warm geworden war, dann war er ein fantastischer Kumpel. Danny und ich hatten die beiden hochleben lassen, als sie im Drake ihre Goldene Hochzeit gefeiert hatten. Zweihundert Gäste hatten ihnen stehend applaudiert, als mein einundsiebzigjähriger Großvater mit Sam das Tanzbein geschwungen und ihr einen feurigen Kuss auf die Lippen gedrückt hatte.

Nachdem Opa Charles sich aus seiner Rechtsanwaltskanzlei zurückgezogen hatte, hatten er und Sam mehr Zeit in Lake Geneva als in Chicago verbracht. Bald schon kamen nicht mehr ganz so viele Freunde zu Besuch, und es waren noch weniger geworden, nachdem mein Großvater vor vier Jahren gestorben und Sam daraufhin ganz an den See gezogen war. Damals hatten alle prophezeit, dass auch Sam bald sterben würde.

Aber sie war nicht gestorben. Sie hatte sich weiter bester Gesundheit erfreut – bis jetzt.

Gegen Viertel nach acht erreichte ich die Route 50 West und fuhr darauf weiter bis zur 12, einer zweispurigen Nebenstraße, die am Ortsrand von Lake Geneva entlangführt. Nach fünf weiteren Kilometern bog ich von der 12 auf die Route NN ab. Von hier waren es nur noch zwei Minuten bis zum Lakeland Medical Center, und ich versuchte mich schon einmal innerlich vorzubereiten.

»Gleich bin ich bei dir, Sam«, flüsterte ich.

3

Das Unglück schlägt gerne dreimal zu, dachte ich, als ich am Lakeland Medical Center ankam. Doch ich versuchte den Gedanken gleich wieder zu verdrängen. *Das bringt doch nichts, Jennifer.*

Ich stieg aus und ging den Fußweg zum Haupteingang hoch. Mir fiel ein, wie mir hier vor vielen Jahren einmal ein Angelhaken entfernt worden war, der sich direkt über der Augenbraue in meine Haut gebohrt hatte. Ich war damals sieben Jahre alt, und es war Sam, die mich ins Krankenhaus gebracht hatte.

Drinnen musste ich mich zuerst einmal orientieren. Ich blickte mich auf der Intensivstation um, wo die Patientenzimmer in Hufeisenform um die Schwesternstation herum angeordnet waren. Die Oberschwester, eine hagere Frau von Mitte vierzig, die eine Brille mit pinkfarbenem Rahmen trug, zeigte mir, wo es zum Zimmer meiner Großmutter ging. »Wir sind so froh, dass Sie hier sind«, sagte sie. »Ich bin übrigens ganz begeistert von Ihrer Kolumne. Wie wir alle hier.«

»Vielen Dank«, sagte ich und lächelte. »Das ist sehr nett von Ihnen. So was hört man immer gern.«

Dann eilte ich auf die Tür von Sams Zimmer zu, schob sie auf und trat ein. »Oh, Sam«, flüsterte ich, als ich sie sah. »Was ist mit dir passiert?«

Es war furchtbar, sie so zu sehen, mit den ganzen Schläuchen in den Armen und den piepsenden und blinkenden medizinischen Apparaten um sie herum. Wenigstens war sie am Leben. Doch sie sah eingefallen und grau aus, zerbrechlich wie ein flüchtiger Traum.

»Ich bin's, Jennifer«, flüsterte ich. »Ich bin jetzt hier, ganz nah bei dir.« Ich nahm ihre Hand. »Ich weiß, dass du mich hören kannst. Das Reden kann ich fürs Erste übernehmen. Ich werde so lange auf dich einreden, bis du die Augen aufschlägst.«

Nach ein paar Minuten hörte ich, wie hinter meinem Rücken die Schiebetür aufging. Als ich mich umdrehte, erblickte ich Reverend John Farley. Sein dichtes weißes Haar war wirr, sein Lächeln zaghaft und unsicher. Er war immer noch ein gut aussehender Mann, obwohl das Alter ihn gebeugt hatte. »Hallo, Jennifer«, flüsterte er und begrüßte mich mit einer herzlichen Umarmung.

Wir gingen hinaus auf den Flur, und mir fiel plötzlich wieder ein, wie nahe er meinen Großeltern gestanden hatte.

»Ich freue mich so, dich zu sehen. Was weißt du Neues über Sam?«, fragte ich.

Er schüttelte den Kopf. »Tja, sie hat die Augen noch nicht wieder aufgemacht, und das ist kein gutes Zeichen, Jennifer. Dr. Weisberg wird dir morgen früh bestimmt mehr sagen können. Ich bin schon fast den ganzen Tag hier, seit ich gehört habe, was passiert ist.«

Dann übergab er mir einen Schlüssel. »Der ist für dich. Der Haustürschlüssel deiner Großmutter.«

Er umarmte mich noch einmal und flüsterte mir zu, er müsse zusehen, dass er ein paar Stunden Schlaf bekäme, wenn er nicht selbst als Patient im Krankenhaus landen wollte. Dann ging er, und ich schlüpfte zurück in Sams Zimmer. Ich konnte immer noch nicht glauben, dass das wirklich passiert war.

Sie war immer so stark gewesen, so gut wie nie krank, und immer war sie es gewesen, die für alle anderen da gewesen war – ganz besonders für mich. Lange Zeit saß ich einfach nur da und lauschte auf ihren Atem, betrachtete ihr wunderschönes Gesicht und dachte an meine vielen Besuche in Lake Geneva zurück. Sam hatte mich immer ein wenig an Katharine Hepburn erinnert, und wir hatten uns alle ihre Filme zusammen angesehen. Allerdings hatte Sam jegliche Ähnlichkeit stets vehement geleugnet.

Ich hatte solche Angst. Wie konnte es sein, dass ich jetzt auch noch Sam verlieren sollte? Es kam mir so vor, als hätte ich gerade eben erst Danny verloren. Wieder strömten mir die Tränen über die Wangen. »Verdammt«, stieß ich halblaut hervor.

Ich wartete, bis ich mich wieder einigermaßen gefangen hatte, und dann beugte ich mich zu ihr hinab. Ich küsste sie auf beide Wangen und sah sie eindringlich an. Jeden

Moment rechnete ich damit, dass sie die Augen aufschlagen und etwas sagen würde. Aber das tat sie nicht. Oh, warum hatte so etwas passieren müssen?

»Ich fahre jetzt zurück zum Haus. Und morgen gibt's Pfannkuchen zum Frühstück«, flüsterte ich. »Wir sehen uns morgen früh. Hast du gehört? Wir *sehen* uns morgen früh. In alter Frische.«

Eine Träne fiel aus meinem Auge auf Sams Wange und rann herab, doch Sam zeigte keine Reaktion.

»Gute Nacht, Sam«, sagte ich.

4

Ich habe kaum eine bewusste Erinnerung an die Fahrt vom Lakeland Medical Center in die Knollwood Road am Ufer des Lake Geneva. Plötzlich war ich ganz einfach *da*, vor dem Haus meiner Großmutter, und ein Gefühl unglaublicher Vertrautheit und Geborgenheit überkam mich.

Im Lauf der Jahre hatten unzählige geparkte Autos das Gras unter der uralten Eiche neben dem Haus verkümmern lassen. Dort stellte ich nun auch den Jaguar ab. Ich drehte den Zündschlüssel um und blieb noch ein oder zwei Minuten im Wagen sitzen in der Hoffnung, mich noch ein wenig zu sammeln, ehe ich das Haus betrat.

Zu meiner Linken fiel der Rasen sanft bis zum Seeufer ab. Ich konnte den langen weißen Streifen des Bootsstegs sehen, der in die glatte, mondbeschienene Wasserfläche des Lake Geneva ragte. Der Sternenhimmel spiegelte sich im See.

Zu meiner Rechten lag das alte, mit weißen Schindeln verkleidete Haus, mit seiner umlaufenden Veranda und dem asymmetrischen Obergeschoss mit seinen Mansardenfenstern. Das traute Heim meiner Großeltern. Ich kannte sämtliche Ecken und Winkel des Hauses und den Blick von jeder Veranda und aus jedem Fenster.

Jetzt löste ich den Gurt und stieg aus. Sogleich hüllte mich die schwüle Sommerluft ein, und im nächsten Moment stieg mir der Duft der Casablanca-Lilien in die Nase. Es waren meine und Sams Lieblingsblumen – die Glanzstücke ihres Gartens, in dem wir so manchen Sommerabend auf der Steinbank gesessen, den Blumenduft genossen und den Sternenhimmel bewundert hatten.

Hier hatte sie mir viele Geschichten über den See erzählt – wie zum Beispiel, dass er stets von Osten nach Westen zufriert oder dass sie im Lake-Geneva-Nationalpark einmal bei Erdarbeiten für einen neuen Golfplatz einen Friedhof freigelegt hatten.

Sam wusste zu allem eine Geschichte, und niemand konnte sie so erzählen wie sie. *Hier* war ich zur Schriftstellerin geworden. Hier in diesem Haus – und Sam hatte mich inspiriert.

Plötzlich brach alles über mich herein. Die Tränen, die ich bisher zurückgehalten hatte, flossen in Strömen. Ich fiel auf die Knie und flüsterte Sams Namen. Mir kam der furchtbare Gedanke, dass sie dieses Haus vielleicht nie mehr betreten würde. Das war einfach zu viel für mich.

Ich hatte mich immer für stark gehalten – und jetzt das. Irgendetwas versuchte mich zu brechen. Aber nein, so weit würde es nicht kommen.

Ich weiß nicht, wie lange ich dort auf dem Parkplatz gekniet habe. Endlich stand ich auf, öffnete den Kofferraum, schulterte meine Tasche und ging mit einem Katzenkäfig in jeder Hand zum Haus. Die beiden Insassen begannen lautstark zu protestieren, und ich war schon im Begriff, sie freizulassen, als ich sah, wie in einem rund hundert Meter entfernten Haus am Seeufer ein Licht anging. Einen Augenblick später erlosch es wieder.

Mich beschlich das merkwürdige Gefühl, dass irgendwer mich beobachtete. Aber wer wusste denn, dass ich hier war?

Niemand – nicht einmal Sam.

5

Nirgendwo auf der Welt hatte ich mich je so wohl gefühlt wie in Sams Haus, so ausgeglichen und so geborgen – jedenfalls bis zu diesem Abend.

Jetzt schien alles irgendwie fremd, wie in einem Zerrspiegel. In der Küche war es dunkel, also schaltete ich das Licht ein, bevor ich die Käfige absetzte und die Katzen freiließ.

Sie schossen hervor wie Rennpferde aus den Startboxen. Sox ist drei Viertel Streuner und ein Viertel hochnäsige Siamkatze. Euphoria ist eine weiße Langhaarkatze mit grünen Augen und sehr verschmust. Ich war so aufgewühlt, meine Hände zitterten immer noch, als ich die beiden fütterte.

Dann ging ich von Zimmer zu Zimmer. Alles sah noch genauso aus wie früher.

Das alte, polierte Eichenparkett, befestigt mit quadratischen Nägeln. Ein chaotischer Urwald von Zimmerpflanzen in dem Erkerfenster im Wohnzimmer. Der umwerfende Blick über den See. Und überall Bücher. *Bel Canto*. Königin Noors Memoiren. *Eine kurze Geschichte von fast allem.*

Und dann die schönen Dinge, die Sam und ich so liebten: eine antike Eiszange aus den Tagen, als man das Eis noch in Blöcken mit Pferdegespannen nach Milwaukee und Chicago transportieren musste; ein Paar alte Schneeschuhe; Ölbilder der rosa blühenden runden Holzapfelbäume, die das Seeufer säumten, und des alten Bahnhofs.

Ich stieß einen tiefen Seufzer aus. Das hier war mein wahres Zuhause, mehr als irgendein anderer Ort, besonders jetzt, da Danny nicht mehr da war, um die Wohnung in Chicago mit mir zu teilen.

Ich ging mit meiner Sporttasche nach oben in »mein« Zimmer mit Blick auf den See. Gerade wollte ich die Tasche auf der Frisierkommode absetzen, als ich sah, dass da bereits etwas lag.

Was ist das denn?

Es waren Briefe – verschnürt zu einem Dutzend Paketen, wahrscheinlich an die hundert Umschläge, wenn nicht mehr. Sie waren alle durchnummeriert – und an mich adressiert.

Mein Herz begann heftig zu pochen, während ich über den Inhalt der Briefe spekulierte. Schon seit Jahren bekniete ich Sam, mir doch einmal ihre Geschichte zu erzählen. Ich wollte sie unbedingt hören und aufschreiben, um sie später meinen eigenen Kindern erzählen zu können. Und hier war sie nun. Hatte sie gewusst, dass ihr etwas zustoßen würde? Hatte sie sich schon länger krank gefühlt?

Ich nahm mir nicht die Zeit, mich auszuziehen. Stattdessen hüllte ich mich einfach in die weiche Bettdecke und nahm den Stapel Briefe auf den Schoß.

Dann starrte ich meinen Namenszug an, geschrieben mit blauer Tinte in Sams vertrauter Schönschrift. Ich drehte den ersten Umschlag um und öffnete ihn behutsam.

Der Brief, den ich herauszog, war auf edlem weißem Leinenpapier geschrieben.

Ich holte tief Luft und musste feststellen, dass meine Hände bebten, als ich zu lesen begann.

6

Liebe Jennifer,

gerade eben bist du gefahren, nachdem wir wieder eines von unseren »Weiberwochenenden« zusammen verbracht haben, und mein Herz ist voll von dir. Ich habe spontan beschlossen, dir dies zu schreiben, als wir uns am Auto verabschiedet haben. Plötzlich war die Idee da.

Ich habe dir in die Augen geschaut, und da überkam mich mit einem Mal dieses Gefühl – so heftig, dass es fast wehtat. Ich musste daran denken, wie nahe wir uns sind und schon immer waren und dass es eine Schande wäre, ja beinahe ein Verrat an unserer Freundschaft, wenn ich dir nicht gewisse Dinge aus meiner Vergangenheit erzählen würde.

Also habe ich beschlossen, dir, Jen, meine Geheimnisse anzuvertrauen – Dinge, die ich noch keinem Menschen je erzählt habe.

Manche sind angenehm; aber manche findest du vielleicht – nun ja, *schockierend* dürfte wohl das passende Wort sein.

Ich sitze in deinem Zimmer, schaue hinaus auf unseren See und trinke dazu eine Tasse von diesem berauschenden Grüntee mit Minze, den wir beide so mögen, und der Gedanke, dass du meine Briefe lesen wirst – immer nur ein paar auf einmal, so, wie ich sie auch schreibe –, macht mich glücklich. Ich kann dein Gesicht sehen, während ich dies schreibe, Jennifer. Ich kann dein bezauberndes Lächeln sehen.

Ich denke über die Liebe nach – über die leidenschaftliche, wahnsinnige Liebe, die deine Brust in eine Glocke und dein Herz in einen Klöppel verwandelt; aber auch über die beständigere Art, die sich einstellt, wenn du einen Menschen wirklich sehr gut kennst und dich auch selbst ganz öffnest. Die Art von Liebe, die dich mit Danny verbunden hat.

Ich glaube an beide Arten von Liebe, und ich glaube, dass sie beide gleichzeitig möglich sind, bei ein und demselben Menschen.

Inzwischen fragst du dich sicher, warum ich so viel von Liebe rede. Du wickelst dir gerade eine Haarsträhne um den Finger, habe ich Recht?

Habe ich Recht, Jennifer?

Ich will, ich *muss* mit dir über deinen Großvater und mich sprechen. Also, dann lege ich mal los.

Die Wahrheit ist, dass ich Charles nie wirklich geliebt habe.

7

Jennifer,

jetzt, nachdem ich diesen schwierigen Satz zu Papier gebracht habe und du ihn lesen musstest ...

Sieh dir bitte das alte Schwarz-Weiß-Foto, das ich diesem Brief beigelegt habe, genau an. Es ist an dem Tag entstanden, als mein Leben die entscheidende Wendung nahm.

Ich erinnere mich noch, dass es ein schwüler Morgen im Juli war. Dass es schwül gewesen sein muss, weiß ich, weil meine Haare sich zu diesen albernen Shirley-Temple-Löckchen gekräuselt hatten, die ich damals so hasste. Siehst du die Apothekergläser in dem Schaufenster hinter mir? Ich stehe vor dem Drugstore meines Vaters und blinzle in die Sonne. Mein Kleid ist blau und schon ein wenig verblichen. Beachte bitte meine Pose: die Hände in die Hüften gestemmt, das überlegene Lächeln. Das war ich. Platzend vor Selbstvertrauen. Ein wenig vorlaut. Naiv. Die Zukunft gehörte mir – ich konnte alles werden, wenn ich nur wollte. Dachte ich zumindest.

Ich will dir sagen, wie ich mir in diesem Moment mein Leben vorgestellt habe.

Meine Mutter war schon einige Jahre tot, und in diesem Sommer arbeitete ich im Drugstore meines Vaters. Aber im nächsten Jahr würde ich Lake Geneva verlassen und an der University of Chicago Medizin studieren. Ja, ich wollte tatsächlich Geburtshelferin werden. Und ich war stolz auf mich, weil ich so hartnäckig daran arbeitete, meinen Traum zu verwirklichen.

Nachdem das Foto im Kasten war, folgte ich meinem Vater zurück in den düsteren, engen Laden. Ich wischte den Holzboden mit »Dust-Down«-Pulver und legte die Tageszeitungen auf dem Heizkörper neben der Tür aus.

Als ich gerade die Marmortheke der Imbissecke mit einem Lappen abwischte, ging plötzlich die Tür auf und fiel kurz darauf mit einem Knall wieder ins Schloss.

Es wäre wohl nicht ganz falsch zu sagen, dass dieser Augenblick auch mein Leben Knall auf Fall umgekrempelt hat!

Ich runzelte die Stirn, blickte auf – und schaute in die Augen eines ausgesprochen attraktiven jungen Mannes. Mit einem Blick erfasste ich mehrere Dinge auf einmal: Er humpelte, und ich fragte mich, was der Grund war; seine Kleidung sah teuer aus, was darauf schließen ließ, dass er ein Tourist war und in einem der Sommerhäuser am See wohnte; und er starrte mich unverwandt an. Es war wie ein Schuss mitten ins Herz!

Wir ließen einander nicht aus den Augen, als er langsam auf die Theke zukam und auf einem der Drehstühle Platz nahm. Auf den zweiten Blick war er eigentlich nicht schön im herkömmlichen Sinne. Seine Nase war ein bisschen zu breit, seine Ohren standen ein wenig ab. Aber er hatte pechschwarzes Haar, dunkelblaue Augen und einen hübschen Mund. Das waren genau meine Gedanken. Ich weiß es noch, als wäre es gestern gewesen.

Ich nahm seine Bestellung auf. Dann zwang ich mich, ihm den Rücken zuzukehren, um ihm ein Eiersalat-Sandwich zu machen – ohne Zwiebeln, mit einer Extraportion Mayonnaise.

Während ich frischen Kaffee aufbrühte, spürte ich, wie er mich beobachtete. Ich glühte so, dass ich fast schon die Dampfwolken von meinem Nacken aufsteigen sah.

Ich hatte an diesem Morgen alle Hände voll zu tun. Die ganzen Kartons mit Odol, Colgate-Zahnpasta und Burma-Shave-Rasiercreme mussten ausgepackt werden, und mein Vater hatte mich gebeten, ihm beim Abwiegen der Ingredienzen für die Medikamente zu helfen.

Aber ich stand hinter der Theke und konnte nicht weg, weil dieser Bursche einfach nicht gehen wollte. Und wenn ich ganz ehrlich sein soll – ich wollte auch nicht, dass er ging.

Schließlich schob er seinen Teller von sich und bat mich, ihm noch etwas von dem »Muckefuck« nachzuschenken. Damit brachte er mich zum Lachen.

»Sie sehen fantastisch aus, wissen Sie das?«, sagte er, als ich ihm den Kaffee einschenkte. »Ich glaube, wir sind uns schon mal begegnet. Vielleicht im Traum? Oder vielleicht brenne ich bloß so sehr darauf, Sie näher kennen zu lernen, dass es mir ganz egal ist, was ich sage.«

»Ich heiße Samantha«, brachte ich hervor. »Wir sind uns noch nie begegnet.«

Er schenkte mir ein strahlendes Lächeln. »Hi, Samantha. Ich heiße Charles«, sagte er und gab mir die Hand. »Willst du einem Soldaten einen Riesengefallen tun? Dann geh heute Abend mit mir essen.«

Wer hätte da Nein sagen können?

8

Jen,

an diesem Abend aßen Charles und ich im noblen, exzellenten Lake Geneva Inn, wo wir beide, du und ich, immer noch gerne zwei- oder dreistündige Lunches zelebrieren. Ich hatte das Restaurant noch nie von innen gesehen und war ganz geblendet von dem vornehmen Ambiente, den Lichtern, der schieren *Klasse*. (Du darfst nicht vergessen, dass ich gerade mal achtzehn Jahre alt war.) Kerzen funkelten, Gläser klangen, diskrete Ober servierten üppige Speisen, der Wein floss in Strömen – und der Sekt auch.

Charles war einundzwanzig, wirkte aber viel reifer, und ich war fasziniert von all dem, was er an diesem Abend sagte und *nicht* sagte. Erst auf mein hartnäckiges Drängen hin erzählte er mir schließlich von der Kugel, die er auf Sizilien abbekommen hatte, und er deutete an, dass es da noch eine tiefere Verletzung gebe, von der er mir eines Tages erzählen würde.

Ich fand Charles' Versprechen, dass er sich mir in Zukunft ganz und gar anvertrauen würde, einfach unwiderstehlich.

Mit meinen achtzehn Jahren war ich sehr leicht zu beeindrucken. Ich war ein Kleinstadtmädchen, und mit Charles eröffnete sich mir ein Zugang zu einer ganz neuen, größeren Welt, die mich faszinierte. Wie hätte es auch anders sein können?

Du musst verstehen, dass der Krieg uns damals lehrte, wie kostbar das Leben war, Jen. Gail Snyders Bruder war in Pearl Harbor umgekommen, mein Onkel Harmon war verwundet worden, und fast alle Jungen, die ich kannte, kämpften in Übersee. (Ich sage »Jungen«, denn das waren die meisten von ihnen, und für mich hatte »Krieg« immer diese Bedeutung – ein Ort, wo Jungen zum Sterben hingeschickt werden.) Es schien wie ein Wunder, dass

Charles lebend zurückgekommen war und dass wir uns in diesem Sommer begegnet waren.

Die nächsten anderthalb Monate gingen wir jeden Abend zusammen aus, und meistens kam er auch zum Mittagessen vorbei. Allmählich kehrte meine alte draufgängerische Art zurück, und ich amüsierte mich wie nie zuvor. Charles plauderte stundenlang über die europäischen Länder, die er gesehen hatte, und ich lachte mich kaputt, wenn er mir amerikanische Schlager mit französischem Akzent vorsang. Nur ab und zu war er mürrisch und missgelaunt, aber die meiste Zeit war es wie ein Traum, der Wirklichkeit geworden war. Charles sah so gut aus, er war so witzig und schlagfertig, und er war ein echter Kriegsheld.

Und dann, in einer lauschigen Mondnacht unten am See, flüsterte Charles mir ins Ohr, dass er mich liebte und immer lieben würde. Er war sich seiner Sache so sicher, dass er auch mich überzeugte. Als er mir neun Wochen nach unserem ersten Rendezvous einen Heiratsantrag machte, wäre ich vor Begeisterung fast an die Decke gesprungen. Ich kreischte verzückt, und Charles deutete das als ein Ja. Dann küsste er mich zärtlich und steckte mir einen Ring mit einem großen Smaragdschliff-Diamanten an den Finger. Oh, ich war das glücklichste Mädchen der Welt!

Wir heirateten an einem typischen Spätseptembertag; mal strahlte die Sonne vom Himmel, mal verschwand sie hinter dicken grauen Wolken. Das wechselnde Licht machte die ganze Welt zu einer Bühne, mit den Wolken als Vorhang zwischen den Akten, und auch die Hochzeitsfeier erschien mir wie eine glitzernde Broadway-Produktion. Ich war verrückt nach Charles. Alles schien ein wenig unwirklich, aber es war einfach wundervoll.

Die Feier fand im Lake Geneva Country Club statt. Wir waren selbst keine Mitglieder, und mein Vater hätte eine solche Hochzeit niemals ausrichten können; die Stanfords jedoch konnten es und taten es auch, und so überließen wir die meisten Entscheidungen meinen künftigen Schwiegereltern.

Aber etwas hatte mein Vater doch getan: Er hatte Mrs. Sine in der Stadt dazu überredet, mir ein wunderbares weißes Seidenkleid zu machen. Hochgeschlossen, mit Dutzenden von Knöpfen am Rücken, weiteren Knopfreihen an den Ärmeln und einem langen, weit geschnittenen Rockteil, der sich um meine Füße bauschte.

Du kennst das Kleid gut, Jen, denn du hast es getragen, als du Danny das Jawort gabst.

Ich sehe es alles noch vor mir. Den Country Club, all unsere Gäste, Charles mit seinem straff nach hinten gekämmten, glänzenden schwarzen Haar und seiner militärisch strammen Haltung. Mein Vater führte mich in den Trausaal, wo der stattliche Bräutigam mich erwartete. Ein Richter des Obersten Gerichtshofs von Illinois nahm die Trauung vor. Ich flüsterte schüchtern mein Ehegelübde, doch es war mein heiliger Ernst.

Charles und ich tauschten die Ringe, und dann lüftete er meinen Schleier, um mich zu küssen. Jubel und Applaus brandeten auf, und alles strömte aus dem Hauptgebäude des Country Club hinaus auf den weitläufigen Rasen. Am Seeufer waren weiße Zelte errichtet worden, deren Tuch sich in der Brise bauschte. Die besten Speisen und Getränke, die für Geld zu haben waren, wurden aufgetischt, und eine Spitzenband aus Chicago spielte Benny Goodman und Glenn Miller.

Die Hälfte der Gäste hatte vollendete Umgangsformen und trug Kleider, die in Chicago und New York entworfen worden waren; meine eigenen Freunde und Verwandten hatten sich in ihren besten Sonntagsstaat geworfen und starrten ein wenig zu oft ihre Schuhe an. Aber der Champagner entfaltete seine magische Wirkung. Wir tanzten und tanzten auf dem Rasen, während Scharen von Wildgänsen auf ihrem Weg in den Süden über uns hinwegzogen. Als dann die Sonne unterging, umschwirrten mich meine Freundinnen und schworen mir, wie sehr sie mich alle beneideten. Ich wusste, was sie meinten, und ich musste ihnen Recht geben.

Es war einfach alles perfekt, Jennifer.

Das glaubte ich jedenfalls, damals an jenem glorreichen Abend, dem Abend meiner Hochzeit hier am Ufer unseres wunderschönen Lake Geneva.

9

Ich hielt mich an Sams Anweisung und las nur ein paar Briefe. Dann schlief ich in meinen Kleidern ein. Ich muss von Sam geträumt haben, damals und heute, und erwachte mit einem vagen Gefühl der Beklemmung, als sei ich aus einem furchtbaren Albtraum hochgeschreckt, aus einer Fantasiewelt, in der ich gegen meinen Willen festgehalten worden war.

Es dauerte eine Weile, bis ich die apfelgrünen Wände und die flauschige Mohairdecke über meinen Beinen richtig eingeordnet hatte, doch dann fiel der Groschen. Ich war in Sams Haus. Eigentlich sollte ich mich hier sicher und geborgen fühlen. Eigentlich sollte ich hier glücklich sein – so war es früher immer gewesen.

Ein Gewicht lastete auf meiner Brust – es war Sox, die den Schlaf der Gerechten schlief.

Ich hatte mich gerade von der Katze befreit, als durch die dünnen Scheiben des Schlafzimmerfensters ein schriller Schrei an meine Ohren drang, der mir fast das Blut in den Adern gefrieren ließ. Wurde da gerade jemand ermordet? Natürlich nicht – aber was war das nur für ein grässlicher Laut?

Ich stürzte zum Fenster, zog den Vorhang beiseite und spähte hinaus. Es war früher Morgen.

Viel konnte ich nicht sehen – nur ein paar Schatten und Nebelfetzen, die vom See aufstiegen. Nach Süden hin erstreckte sich eine Reihe schindelgedeckter Häuser. Und dann sah und hörte ich den Mann, der den merkwürdigen Laut ausgestoßen hatte. Mit der wilden Ausgelassenheit eines Zehnjährigen rannte er schreiend und juchzend über den Rasen eines der Häuser am Seeufer, etwa hundert Meter von mir entfernt.

Bald hatte der sprintende Mann den Rasen hinter sich gelassen und lief nun schnell und leichtfüßig über einen baufällig wirkenden, weiß gestrichenen Bootssteg. Ohne innezuhalten, lief er bis zum Ende des Stegs und tauchte mit einem flachen Kopfsprung in den See ein.

Was für ein sauberer Sprung! Und was für eine seltsame Szene, so früh am Morgen!

Ich sah ihm noch eine Weile zu, wie er mit gleichmäßigen Kraulbewegungen hinausschwamm und schließlich vom Nebel verschluckt wurde. Er war ein guter Schwimmer – elegant und kraftvoll. Das erinnerte mich an Danny. Auch er war ein fantastischer Schwimmer gewesen.

Ich wandte mich ab. Inzwischen war ich hellwach, und so zog ich die Kleider vom Vortag aus und tauschte sie gegen eine saubere Jeans und ein blaues Cubs-Sweatshirt aus meiner Sporttasche. Dann hob ich Sams Briefe auf, die auf den Boden gefallen waren. Ich erinnerte mich an den Satz: »Die Wahrheit ist, dass ich Charles nie wirklich geliebt habe.« Daran würde ich noch eine Weile zu knabbern haben. Ich hatte meinen Großvater geliebt. Wie war es möglich, dass Sam ihn *nicht* geliebt hatte?

Ich ging nach unten in die gemütliche Eichenholz-Küche,

in der so viele Sommermorgen begonnen hatten. Ich kochte Kaffee und rief im Krankenhaus an, um nach Sam zu fragen und für den späteren Vormittag einen Termin mit ihrem Arzt zu vereinbaren. Sams Zustand war stabil. Aber die Augen hatte sie noch immer nicht geöffnet.

Ich werkelte in der vertrauten Küche herum und machte mir Frühstück: Getreideflocken, Orangensaft, Kaffee und Vollkorntoast mit Butter. Anschließend fütterte ich die Katzen – und dann sah ich nach, ob der Schwimmer inzwischen zurückgekehrt war. War er nicht. Vielleicht hatte er ja nur in meiner Fantasie existiert.

Während ich meinen Kaffee austrank, blickte ich auf den See hinaus. Mein Gott, er war wirklich so schön. Der Morgennebel hatte sich ein wenig gelichtet. *Nanu, was ist das denn?* Der Schwimmer hievte sich gerade auf seinen Bootssteg, um sich dann mit den Handkanten das Wasser vom Körper zu streifen. Und jetzt fiel mir etwas auf, was ich zuvor nicht gesehen hatte. Er war splitternackt.

Nun ja, wer immer er auch war, er hatte jedenfalls einen ansehnlichen Körper. Und ihm selbst gefiel er offensichtlich auch. Typisch männliche Selbstverliebtheit. Ganz zu schweigen von der Gedankenlosigkeit. »Blödmann«, murmelte ich.

Etwa zehn Minuten später begann der Jaguar unter der Eiche leise zu schnurren. Den großen Strauß frisch gepflückter Blumen legte ich auf den Beifahrersitz. Dann fuhr ich los, um Sam zu besuchen. Sie war mir ein paar Antworten schuldig.

10

Normalerweise dauerte die Fahrt zum Krankenhaus eine Viertelstunde, doch ich unterbot diese Zeit um einige Minuten. Ich parkte und steuerte sofort die Intensivstation an. An der Anmeldung warteten bereits einige Besucher, aber es gelang mir, einen der Ärzte auf mich aufmerksam zu machen. Dr. Mark Ormson teilte mir mit, dass ich leider noch ein wenig warten müsse. Sam werde gerade von ihrem Arzt untersucht.

Im Wartezimmer um die Ecke gab es einen Kaffeeautomaten. Ich steckte ein paar Münzen in den Schlitz und dachte gleichzeitig, dass ich eigentlich gekommen war, um Sam zu sehen, und nicht, um noch mehr Kaffee in mich hineinzuschütten.

Aus dem Augenwinkel erblickte ich einen Mann von etwa fünfundsiebzig Jahren, braun gebrannt, mit einem sorgsam gestutzten Vollbart. Er winkte mir zu, erhob sich von einem der verschraubten Plastikstühle an der Wand und kam auf mich zu. Es war Shep Martin, Sams Anwalt und einer ihrer Nachbarn vom Seeufer.

Wir setzten uns, und als wir über Sam zu sprechen begannen, stellte sich heraus, dass er ebenso überrascht und erschüttert über ihren Zustand war wie anscheinend alle, die sie kannten.

»Ich zähle schon seit vierzig Jahren zu Sams Bewunderern«, erzählte er mir. »Wussten Sie, dass ich sie hier in diesem Krankenhaus kennen gelernt habe?« Und dann erzählte Shep mir eine Geschichte, die mir einen Schauer nach dem anderen über den Rücken jagte.

»Es ist jetzt gut vierzig Jahre her, Jennifer, da erhielt ich eines Nachts einen Anruf: Mein Vater hatte einen Autounfall gehabt. Ich war gerade auf Reisen und kam erst am nächsten Morgen im Krankenhaus an – und Sie können sich meine Überraschung vorstellen, als ich eine wildfremde Frau am Bett meines schwer verletzten Vaters antraf. Die Frau hielt seine Hand. Ich wusste nicht, was ich sagen sollte.

Zum Glück kam Sam mir zuvor. Sie erklärte, dass sie am Abend zuvor eine Freundin besucht habe. Ihr Großvater, Jennifer, war gerade nicht zu Hause. Als sie zufällig am Zimmer meines Vaters vorbeiging, kam eine Krankenschwester heraus, die Sam mit meiner Schwester Adele verwechselte. Sie packte sie am Handgelenk, zog sie ans Bett meines Vaters und sagte: ›Ihr Vater hat nach Ihnen gefragt.‹

Mein Vater war noch nicht ganz bei Bewusstsein und sehr desorientiert. Er merkte nicht, dass er eine Fremde vor sich hatte, und Sam klärte ihn auch nicht über den Irrtum auf. Sie blieb die ganze Nacht bei meinem Vater – einfach nur, weil er jemanden brauchte.«

Nachdem Shep geendet hatte, hörte ich plötzlich jemanden meinen Namen rufen. Ich fuhr erschrocken auf.

Als ich mich umdrehte, sah ich einen Arzt in der Tür des Wartezimmers stehen. Es war Max Weisberg – blond und frisch rasiert, in grüner OP-Kluft und mit einer Krankenakte in der Hand. Max ist ein paar Jahre älter als ich, aber ich kenne ihn schon, seit wir als Kinder am See gespielt haben.

Besorgt registrierte ich seine ernste Miene. Er kam auf mich zu und gab mir die Hand. »Jennifer, ich bin froh, dass du gekommen bist«, sagte er. »Du kannst jetzt zu deiner Großmutter.«

11

Auf dem Weg zu Sams Zimmer beantwortete Max Weisberg die meisten meiner drängenden Fragen. Dann aber sagte er mir, ich solle zu ihr hineingehen. Mit den frisch geschnittenen Blumen im Arm trat ich an Sams Bett heran und beugte mich zu ihr herab. Ich hoffte, sie würde sie vielleicht riechen können.

»Hallo, ich bin's, Jennifer«, begann ich. »Ich bin gekommen, um dich noch ein bisschen zu nerven. Ich werde jetzt so oft hier aufkreuzen, bis du mir *sagst*, dass ich dich in Ruhe lassen soll.

Die *ganze* Stadt fragt schon nach dir. Alle wollen, dass du sofort wieder gesund wirst, wenn nicht eher. Du fehlst uns wirklich, Sam. Ich spreche übrigens für die ganze Stadt ... Aber niemandem fehlst du so sehr wie mir, Sam.«

Auf der Fensterbank nahe dem Bett fand ich ein hübsches Plätzchen für die Blumen. »Ich habe deine Briefe bekommen«, sagte ich. »Sie waren ja auch nicht zu übersehen.« Ich streckte die Hand aus und berührte Sams Wange, dann küsste ich sie.

»Danke – dass du mir deine Geschichte anvertraut hast. Ich verspreche dir, dass ich die Briefe nicht alle auf einmal verschlingen werde, obwohl ich große Lust dazu hätte.«

Ich starrte Sam an. Ich hatte geglaubt, alles über sie zu wissen, aber das war offensichtlich nicht der Fall. Sie sah immer noch so gut aus – es war eine echte, natürliche Schönheit, die sie ausstrahlte. Wieder traten mir die Tränen in die Augen, und ich spürte einen bohrenden Schmerz tief in der Brust. Einen Moment lang brachte ich kein Wort hervor. Ich liebte sie so sehr. Sie und Danny waren meine besten Freunde, die einzigen Menschen, die ich je wirklich an mich herangelassen hatte. Und dann musste so etwas passieren.

»Jetzt will *ich* dir mal eine Geschichte erzählen«, sagte ich schließlich. »Eine Geschichte von ganz früher, als ich vielleicht vier oder fünf war. Damals sind wir jeden Sommer ein halbes Dutzend Mal von Madison an den See gefahren. *Das* war für mich der Sommer – diese Tage am See.

Weißt du noch, Sam? Wenn wir uns verabschiedet haben, dann hast du jedes Mal auf der Veranda gestanden und uns zugerufen: ›Tschüss, ich liebe euch alle.‹

Und dann habe ich immer den Kopf aus dem Autofenster gestreckt und zurückgerufen: ›Tschüss, Oma, ich liebe dich auch! Tschüss, Oma, ich liebe dich!‹ Aber was du nicht wusstest, war, dass ich diesen Satz die ganze Fahrt über ständig wiederholt habe, bis wir zu Hause waren – ›Tschüss, Oma, ich liebe dich. Tschüss, ich liebe dich.‹ Und ich liebe dich wirklich, Sam. Hörst du mich? Ich liebe dich so sehr. Und ich weigere mich, *tschüss* zu sagen.«

12

Ich ließ Sam nur höchst ungern allein, aber ich hatte eine Verabredung zum Lunch, die ich nicht platzen lassen wollte. Kurz nachdem ich vom Krankenhausparkplatz gestartet war, hatte ich schon das Zentrum erreicht und fuhr langsam die Main Street entlang.

Lake Geneva ist wie eine Spielzeugstadt, nur dass alles lebensgroß ist, und ich bin kaum je einem Menschen begegnet – abgesehen von den schlimmsten Zynikern –, der von der Stadt nicht begeistert gewesen wäre. Die breite, belebte Hauptstraße ist gesäumt von sehr anständigen Restaurants und hübschen Antiquitätenläden, und der glitzernde See im Hintergrund rundet das idyllische Bild ab.

Ich hielt an der Ampel und beobachtete die Leute, die in Grüppchen den Bürgersteig entlangschlenderten, lachend und scherzend, und was ich sah, vermischte sich mit meiner Erinnerung an vergangene Sommer, die ich mit Danny hier verbracht hatte. *O Danny, Danny, ich wünschte, du wärst hier!*

Ich parkte vor dem Drugstore, der einmal meinem Urgroßvater gehört hatte, und betrat den klimatisierten

Raum. John Farley erwartete mich an einem Tisch mit roten Kunstlederbänken im hinteren Teil des Lokals. Er sah blendend aus mit seinem dichten weißen Haar, und er trug ein blau-gelb gestreiftes Rugbyhemd und eine Khakihose.

Er stand auf, als er mich erblickte. »Du siehst verteufelt gut aus«, sagte er mit strahlendem Lächeln.

»Das will was heißen; du bist ja schließlich Experte für alles, was mit Himmel und Hölle zu tun hat«, sagte ich und lächelte dabei zum ersten Mal an diesem Tag. Im Gegensatz zu vielen Geistlichen, die ihre ganze Lebenserfahrung aus Büchern zu beziehen scheinen, war John nichts Menschliches fremd, und in dieser Hinsicht erinnerte er mehr an einen erfolgreichen Chicagoer Psychologen als an einen Provinzpfarrer. Wir bestellten Sandwiches mit gegrilltem Käse und Schoko-Shakes. Das Mädchen, das uns bediente, ahnte wohl nicht, dass ich das Lokal wie durch einen sepiagetönten Filter betrachtete, wenn ich an Sams Beschreibung ihrer ersten Begegnung mit meinem Großvater hier in diesem Raum dachte.

»Was war mein Großvater für ein Mensch?«, fragte ich John, nachdem unser Essen gekommen war.

»Er war ein hervorragender Anwalt, ein gewiefter Golfer und ein guter Familienvater«, erwiderte er. »Ein ganzer Kerl, könnte man sagen.«

»Charles und Sam haben sich hier kennen gelernt«, sagte ich. »Keine drei Meter von diesem Tisch entfernt, an dem wir sitzen.«

John muss gesehen haben, wie der Schatten eines traurigen Gedankens über meine Miene huschte. Er ergriff meine Hände. »Wenn ich an deinen Großvater denke, Jennifer, dann fällt mir als Erstes ein, dass er sich nicht gerne die Kleider schmutzig gemacht hat – und trotzdem hat man ihn ständig im Garten gesehen, wo er für deine Großmutter Laub gerecht oder Steine durch die Gegend geschleppt hat. Oder Brennholz gestapelt oder an ihrem Auto herumgeschraubt.

Aber er hatte es auch gut bei ihr. Sie hat ihm seine Lieblingsspeisen gekocht, hat ihn bei Laune gehalten. Auf ihre eigene Weise haben die beiden sich innig geliebt.«

Ich nickte und fragte mich dabei, ob er mir wirklich die ganze Wahrheit erzählte. »Und Sam? Was ist sie für eine Frau, in deinen Augen?«

John Farley lächelte wieder sein gewinnendes Lächeln. »Deine Großmutter ist die stärkste Frau, die ich kenne. Sie wird wieder auf die Beine kommen, da bin ich mir sicher, Jennifer. Sam darf man niemals unterschätzen.«

13

Am Nachmittag war ich wieder in Sams Haus. Ich versuchte mich von dem, was passiert war, nicht allzu sehr niederdrücken zu lassen. Vielleicht würde ich mir einen von Sams berühmt-berüchtigten »Spezialkuchen« backen und ihn dann ganz allein aufessen. Die riesige Eiche vor dem Haus tauchte den Vorgarten in weiche Schatten. Alles war wie immer. Ein Paar schlenderte den Fußweg entlang, der um den See herumführte; auf dem Wasser schaukelten Boote, die bunten Segel vom Wind gebläht.

Am Ufer saß ein älterer Mann mit rosigen Wangen in einem Rollstuhl und warf einen grünen Tennisball, den ihm sein brauner Terriermischling jedes Mal brav apportierte. Schließlich sah der Mann mich und winkte mir zu, wie es am See Brauch ist.

Ich winkte zurück, dann ging ich hinein, um mir ein großes Glas Limonade und einen Stapel von Sams Briefen zu holen. Damit setzte ich mich auf die Veranda.

So viele Fragen über Sam und meinen Großvater drängten sich mir auf. *Ich habe Charles nie wirklich geliebt.* Stimmte das? War das möglich? Welche Geheimnisse hielten die Briefe noch für mich bereit?

Ich machte es mir in einem Schaukelstuhl aus Korbgeflecht bequem, band das Paket auf und warf die Schnur Sox zu, die sich mit ihrer Beute sofort in die Büsche verzog.

Und dann, während die leichte Brise in meinen Haaren spielte, begann ich die wahre Geschichte meiner Großmutter zu lesen.

Die ersten Briefe enthielten Bemerkungen über Sams Garten, ihre Meinung über einen provokanten Artikel, den ich über die Schließung der Postfilialen in Chicago geschrieben hatte, und einige Gedanken über Präsident Clinton, auf den sowohl Sam als auch ich große Stücke gehalten hatten und von dem wir beide bitter enttäuscht waren.

Dann las ich die Fortsetzung ihrer Lebensgeschichte – und Sam ließ die nächste Bombe platzen. Dabei hatte ich mich doch noch gar nicht richtig von der ersten erholt.

14

Jennifer,

dies ist vielleicht der schlimmste von allen Briefen, die ich dir schreiben werde.

Wie du weißt, verbrachten Charles und ich unsere Flitterwochen in Miami. Wir wohnten im *Fontainebleau*, einem traumhaften alten Hotel an der Collins Avenue, direkt am Strand. Aber Charles war die ganze Zeit über unzufrieden. Er beklagte sich über das unterwürfige Hotelpersonal, das schwere Essen, den sandigen Sand ... an allem hatte er etwas auszusetzen – gelinde ausgedrückt.

Und am meisten hatte er an mir auszusetzen.

An unserem dritten Abend in Miami saßen wir nach dem Essen auf der kleinen Terrasse vor unserem Zimmer und hörten zu, wie die Brecher gegen den Pier schlugen. Charles hatte schon einige Drinks gehabt.

Ich versuchte Konversation zu machen. »Das war doch wirklich nett mit diesem Paar aus North Carolina. Ich habe mich köstlich amüsiert, du nicht?«

Da verfinsterte sich sein Gesicht – wie wenn aus heiterem Himmel plötzlich ein Gewitter niedergeht. Er funkelte mich an. »Wenn du dich jemals gegen mich stellst, wenn du mir jemals Ärger machst, wenn du dich jemals als Langweilerin oder Einfaltspinsel entpuppst, dann lasse ich dich ohne einen Pfennig sitzen.« Dann hob er die rechte Hand und schlug mich ins Gesicht. Und zwar richtig fest. Mir wurde schwarz vor Augen. Ich glaube, es war überhaupt das erste Mal in meinem Leben, dass ich geschlagen worden war.

Dann verschwand Charles polternd im Zimmer und ließ mich als Häufchen Elend auf der Terrasse zurück. Noch lange saß ich dort draußen und hörte den Atlantik rauschen – oder vielleicht war es ja nur das Blut in meinen Ohren. Mir war speiübel, ich wäre am liebsten davongelaufen, zurück nach Hause – aber wie?

Jennifer, ich war am Boden zerstört und schrecklich verwirrt. Verstehst du das? Ich hatte alles zurückgelassen, meine Familie, meine Freunde, nur um mit Charles zusammen sein zu können. Damals waren die Verhältnisse noch ganz anders, zumal für ein Kleinstadtmädchen wie mich. Eine Frau ließ sich nun mal nicht scheiden, nicht einmal, wenn sie geschlagen wurde.

An diesem dritten Abend unserer Flitterwochen wurde ich endlich erwachsen. Ich sah unsere gemeinsame Zukunft vor mir, und mir war klar, dass ich wohl kaum etwas daran ändern konnte. Aber eines tat ich doch. Bevor wir aus Miami abreisten, sagte ich Charles, wenn er mich noch einmal schlagen sollte, würde ich ihn auf der Stelle verlassen und mich den Teufel um die Konsequenzen scheren. Dann würde alle Welt erfahren, was für ein gemeiner und brutaler Kerl er war.

Nach den Flitterwochen zogen Charles und ich in eine große Wohnung in Chicago. Unser Verhältnis hatte sich nicht wesentlich gebessert. Nachdem er sein Examen in der Tasche hatte, trat dein Großvater in die Familienkanzlei ein. Bald darauf brachte ich deine Mutter zur Welt und dann deine Tante Val. Doch gelebt habe ich nur für die Sommer, Jennifer, die ich immer wieder in Lake Geneva verbrachte.

Mir graute aber jedes Mal vor dem Wochenende, wenn Charles aus Chicago an den See kam. Er brachte seine üblen Launen mit, wenn er auch nur selten die Hand gegen mich erhob. Er war egoistisch und machte sich einen Spaß daraus, mich vor den Kindern und unseren Freunden zu demütigen. Doch er sorgte gut für uns, und endlich löste er auch sein Versprechen ein, dass er mir das dunkle Geheimnis aus seiner Vergangenheit anvertrauen würde. Was Charles mir allerdings nie verriet, waren die Geheimnisse aus der Gegenwart, die Freundinnen, die er in Chicago und anderswo hatte.

Es tut mir Leid, dass ich dir das alles erzählen muss, aber du wolltest ja meine Geschichte hören.

15

Mein Schatz,

ich möchte dir noch ein paar andere Dinge über deinen Großvater erzählen, damit du verstehst, wie er zu dem Menschen wurde, der er war. Zu diesem Ehemann, und auch zu diesem Großvater.

Du sollst hören, wie Charles mir eines Tages von den »Sünden der Väter« erzählte, wie er es nannte; von den Ereignissen, die sein Leben – und damit auch meines – entscheidend geprägt hatten. Es war drei Jahre nach unserer Hochzeit. Deine Mutter schlummerte nebenan in ihrem Bettchen; sie hat ja immer so brav durchgeschlafen. Charles und ich lagen im Bett, draußen rauschten die Autos über die regennassen Straßen, und das Scheinwerferlicht fiel auf unsere Gesichter, wenn sie vor dem Fenster unserer Wohnung in Chicago vorbeifuhren.

In dieser trüben Nacht erzählte Charles mir endlich von dem Ereignis, das sein ganzes Leben verändert hatte. Es passierte, als er gerade sechzehn Jahre alt war, und es ist eine unglaubliche Geschichte.

Charles' Eltern gaben in ihrem luxuriösen Heim eine rauschende Party für ihren ältesten Sohn. Peter hatte nämlich gerade die Abschlussprüfung an der Elite-Privatschule bestanden, die ihn auf das Jurastudium vorbereiten sollte. Die Tafel war schon aufgehoben, und die Gäste hatten sich zum Kaffee in die Bibliothek begeben. Peter packte seine Geschenke aus, als Charles eine beiläufige Bemerkung darüber fallen ließ, dass sein älterer Bruder anscheinend immer von allem das Beste bekäme.

Da rastete Arthur Stanford aus. Er fuhr Charles an, nannte ihn einen undankbaren Bengel. Und dann sagte er, es sei an der Zeit, dass Charles die Wahrheit erführe. »Du bist ja gar nicht unser Sohn. Du bist adoptiert!«, schrie ihm sein Vater ins Gesicht. Einfach so, vor der versammelten Familie. Alle Gespräche verstummten, und in der peinlichen Stille, die folgte, lief Charles nach oben in sein Zimmer. Sein Vater eilte ihm nach. Als sie oben ankamen, drehte Charles sich um und schrie: »Das ist nicht wahr! Ich weiß, dass es nicht wahr ist!«

Arthur Stanford hatte sich inzwischen ein wenig beruhigt. »Glaub mir, Charles, ich bin nicht dein Vater. Ich bin dein *Onkel*«, sagte er. »Dein Vater ist mein Bruder Ben. Er hatte ein Mädchen geschwängert, irgendeine unbedeutende, hergelaufene Person.«

»Du l-l-lügst«, stammelte Charles hilflos.

»Dann geh doch zu deinem Vater und frag ihn«, erwiderte Arthur. »Es wird sowieso Zeit, dass du ihn mal kennen lernst. Soviel ich weiß, arbeitet er immer noch im *Murray Tap* – das ist eine Spelunke in Milwaukee.« Dann senkte Arthur Stanford die Stimme. »Caroline und ich haben dich zu uns genommen. Wir haben versucht, dich zu lieben, Charlie. Wir tun doch nur unser Bestes.«

An diesem Abend, als er gerade sechzehn Jahre alt war, ging Charles zum Bahnhof an der Wabash und Adams

Street. Dort kaufte er ein Ticket für einen Dollar und stieg in einen Zug der North Shore Line nach Milwaukee.

In unserem Schlafzimmer streifte der Lichtschein eines vorbeifahrenden Autos Charles' Gesicht, und, Jennifer, ich konnte an seinen Augen sehen, welche furchtbaren Qualen er litt. Und ich litt mit ihm. Wenn ich ihm auch nicht alles ganz und gar verzeihen konnte, was er mir angetan hatte, so verstand ich doch immerhin, woher dieser Zorn kam, der ihn umtrieb, und seine gelegentliche Grausamkeit.

Charles fuhr mit seiner Geschichte fort, und manche seiner Worte waren so eindringlich, dass ich mich bis heute daran erinnere.

Nach zwei Stunden, so erzählte er mir, war er am Ziel seiner Reise angelangt. Die Worte seines Onkels – »irgendeine unbedeutende, hergelaufene Person« – gingen ihm, wie ein schlechter Schlager, nicht mehr aus dem Kopf. Um Mitternacht trat er auf die Michigan Street hinaus. In der Nähe waren zwei große Brauereien, und die Luft war schwer von dem überwältigenden Malzgeruch.

Er fragte nach dem Weg und marschierte in östlicher Richtung los, bis er die Murray Avenue gefunden hatte. Fast wäre er an dem Haus, das er suchte, vorbeigegangen.

Es gab kein Schild, nur eine *Miller-High-Life*-Leuchtreklame im Fenster links vom Eingang. Charles zog die quietschende Tür auf und betrat die Bar, in der es noch finsterer war als draußen. Er erblickte eine lange, in dichte Rauchschwaden gehüllte Theke.

Die Brauereiarbeiter, die nach abgestandenem Malz

rochen, hoben die Köpfe. Niemand sagte etwas, niemand schien sich für ihn zu interessieren.

Als seine Augen sich an das Schummerlicht gewöhnt hatten, kletterte Charles auf einen der Polsterhocker an der Theke. Da saß er nun im Halbdunkel und registrierte jedes Detail seiner Umgebung: die Würfelbecher auf dem Tresen – ein paar Arbeiter, die um Runden Bier oder Schnaps spielten – ein Schild, auf dem stand: »Spezialität des Hauses: Pantherpisse«.

Aber am eingehendsten sah er sich den Barkeeper an, einen Mann von ungehobelter Erscheinung mit Narben im Gesicht, die aber dennoch nicht über die unverkennbaren Stanford-Züge hinwegtäuschen konnten: die aristokratische, leicht gebogene Nase, die abstehenden Ohren. »Die Liebe, die ich für ihn empfand«, sagte Charles zu mir, »war so heftig, dass es fast wehtat.«

Er sah, wie sein Vater einem Gast zu wenig Wechselgeld herausgab, und hörte, wie er vulgäre Witze über Frauen erzählte, die Charles die Schamröte ins Gesicht trieben.

Schließlich wischte sein Vater mit einem schmierigen Lumpen über die Theke, sah Charles in die Augen und grinste höhnisch. »Sieh zu, dass du Land gewinnst, Kleiner. Na los, verschwinde, oder muss ich dir erst einen Tritt in den Arsch geben?«

Charles machte den Mund auf, doch er brachte kein Wort heraus. Die Sekunden verstrichen quälend langsam. Sein Gesicht glühte, es hatte ihm einfach die Sprache verschlagen.

»Ein richtiger Waschlappen, unser Kleiner hier«, sagte sein Vater unter schallendem Gelächter der Gäste. »Ist wohl vom anderen Ufer. Los, raus mit dir, aber plötzlich!«

Zitternd vor Wut und Scham rutschte Charles von seinem Hocker und lief hinaus. Er hatte sich seinem Vater nicht zu erkennen gegeben, hatte kein Wort gesagt. Nicht in dieser Nacht und auch später nicht.

Ich fragte Charles: »Wie konntest du gehen, ohne mit deinem Vater gesprochen zu haben?« Als er antwortete, war seine Stimme ganz leise und tonlos, als sei das Reden ihm eine Qual. Er sagte, als er seinem Vater ins Gesicht gesehen habe, da habe er Arthurs Augen gesehen – die gleiche Kälte und Gefühlsarmut. Und da wusste er, dass auch sein eigener Vater ihn nie geliebt hatte und nie lieben würde.

»Ich hatte ihn so leicht ausfindig gemacht«, sagte Charles. »Wieso hatte *er mich* nie gefunden?«

In dieser Nacht nahm ich deinen Großvater in die Arme, Jennifer. Ich begriff, dass ich seine einzige Freundin war, was immer das für ihn bedeutete. Aber während ich seinen Kopf an meine Brust drückte und ihm übers Haar strich, begriff ich noch etwas anderes. Ich wusste jetzt, warum Charles mich geheiratet hatte. Ich war schließlich auch nur eine unbedeutende, hergelaufene Person. Unsere Heirat war eine Trotzreaktion von ihm gewesen, *die* Gelegenheit für Charles, dem Stanford-Clan eins auszuwischen.

Ich war zweiundzwanzig, aber ich hatte das Gefühl, dass mein ganzes Leben schon hinter mir lag.

16

Ich war erschüttert von Sams trauriger Geschichte über meinen Großvater. So sehr ich ihn geliebt hatte – etwas daran hatte einen Beigeschmack von Wahrheit. Sam hatte mich gebeten, die Briefe langsam zu lesen, doch ich wollte unbedingt mehr wissen. Wie hatte sie all die Jahre bei Charles bleiben können?

Ich saß in der Küche und hatte gerade den nächsten Umschlag geöffnet, als mich etwas aufschreckte – eine Bewegung am äußersten Rand meines Gesichtsfelds, das Geräusch von Schritten auf dem Rasen.

Ein Mann ging um das Haus herum. Und das Merkwürdige war, dass ich glaubte, ihn zu kennen, obwohl ich nicht sagen konnte, woher. Ich trat hinaus auf die Veranda, um ihn zu fragen, was er wollte.

Er hatte hellbraunes Haar, wellig und ein wenig zerzaust. Eine einzelne widerspenstige Locke stand keck nach vorne weg. Seine Augen waren sehr blau.

»Hallo«, sagte er.

»Hallo«, erwiderte ich zögernd.

Er war schätzungsweise Ende dreißig und trug Khaki-Shorts, ein Football-Trikot mit der Aufschrift »University of Notre Dame« und komische Altmännersandalen.

Da fiel plötzlich der Groschen. Als ich ihn das letzte Mal gesehen hatte, war er im Adamskostüm gewesen. Es war der Schwimmer mit dem markerschütternden Kriegsgeheul.

»Jennifer?«, sagte er. Ich war baff. Krampfhaft überlegte ich, woher er wohl meinen Namen kannte, als er plötzlich eine Hand auf das Geländer legte und die Stufen zu Sams Veranda hinaufzugehen begann.

»Augenblick mal«, sagte ich. »Kennen wir uns?«

»Oh, tut mir Leid. Ich bin Brendan Keller. Ich wohne bei meinem Onkel Shep, vier Häuser weiter. Er sagte, er sei dir zufällig im Krankenhaus über den Weg gelaufen. *Brendan Keller.* Du erinnerst dich doch an mich, oder?«

Ich schüttelte den Kopf. Und dann nickte ich. Jetzt fiel mir alles wieder ein. Brendan Keller und mein Cousin Eric waren ein wichtiger Bestandteil meiner ersten Sommer am Lake Geneva gewesen. Sie waren die Brüder, die ich nie gehabt hatte. Ein oder zwei Sommer lang war ich ihnen auf Schritt und Tritt gefolgt. Sie hatten mich »Scout« genannt, nach dem kleinen Mädchen in *Wer die Nachtigall stört.*

Aber soweit ich mich erinnerte, hatte ich Brendan Keller nicht mehr gesehen, seit ich ein kleines Mädchen gewesen war. Ich streckte die Hand aus. »Hey, ganz schön lange her.«

Kurz darauf saßen wir auf Sams Veranda, unterhielten uns angeregt und schlürften dazu Eistee. Hauptsächlich tauschten wir Erinnerungen an Lake Geneva in der »guten alten Zeit« aus. Er kannte meine Zeitungskolumne, und ich brachte ihn dazu, mir zu verraten, dass er heute Arzt war.

»Eric und ich haben dich immer ›Scout‹ genannt. Du warst schon ziemlich reif für deine zehn Jahre. Ich glaube, du hattest sogar *Wer die Nachtigall stört* gelesen.«

Ich lachte und schlug die Augen nieder. Irgendetwas machte mich verlegen, aber ich konnte nicht recht sagen, was es war. Er folgte meinem Blick. »Du guckst auf meine Sandalen.«

»Nein, ich –«

Ein Lächeln breitete sich über sein Gesicht aus.

»Die habe ich mir von meinem Onkel ausgeliehen. Übrigens, da wir gerade von Shep sprechen – er hat mir erzählt, dass der Lions Club heute in Fontana ein Hummerpicknick veranstaltet. Komm doch mit, wenn du magst – du bist eingeladen.«

Beinahe reflexartig schüttelte ich den Kopf. »Nein, tut mir Leid. Heute passt es mir nicht. Ich muss meine Kolumne abliefern, und die Zeit wird allmählich knapp.«

»Und wenn ich andere Schuhe anziehe? Ich habe auch ganz schicke Halbschuhe. Oder Tennisschuhe? Ich könnte auch barfuß gehen.«

Ich lächelte. »Ich kann nicht«, sagte ich. »Tut mir wirklich Leid. Ich muss meinen Termin einhalten. Ehrlich.«

Brendan stand auf und stellte sein Teeglas ab. »Okay. Also, ich wohne wie gesagt nur ein paar Häuser weiter. Ich hoffe, wir sehen uns mal wieder. *Brendan Keller*.«

»Scout.« Ich lächelte.

Wir verabschiedeten uns, und ich winkte ihm nach, als er auf das Haus seines Onkels zuging. Meine ursprüngliche nachdenkliche Stimmung war verflogen. Ich packte Sams Briefe zusammen und ging ins Haus.

Ich arbeitete tatsächlich ein wenig an diesem Nachmittag, und ein- oder zweimal dachte ich an das Hummerpicknick in Fontana, das jetzt ohne mich stattfand. Schließlich machte ich mir einen Salat und fragte mich dabei, wieso ich eigentlich so wild entschlossen war, allein zu essen. Aber ich kannte den Grund. Danny.

Und unser kleines »Würmchen«.

17

In dieser Nacht träumte ich wieder einmal von Danny – diesen Traum, den ich über alles hasse; den Traum, in dem ich Danny bin, aber gleichzeitig auch ich selbst, die ihn beobachtet.

Es ist immer dasselbe.

Danny surft am Nordstrand von Oahu, einem der schönsten Strände der Welt. An einem Tag sind die Wellen so hoch wie nirgendwo sonst, und am nächsten Tag kann der Ozean schon wieder glatt wie ein Spiegel sein.

Das Dumme ist, dass Danny an diesem Tag allein ist. Eigentlich wollten wir zusammen fliegen, aber dann musste ich ganz kurzfristig doch in Chicago bleiben, um an einer großen Story für die *Tribune* zu arbeiten. Es war meine Entscheidung, nicht mitzufliegen.

Und da steht er also nun und wartet auf seine Welle. Und dann ist er obenauf. Das Problem ist, dass die Welle sehr viel schneller bricht, als er gedacht hatte. Urplötzlich wird er auf den Meeresboden gedrückt; das Wasser ist hier gut sechs Meter tief. Danny weiß nicht mehr, wo oben und unten ist. Er erinnert sich an eine Grundregel: eine Hand hoch, die andere runter. Gleichzeitig nach dem Boden und nach der Luft tasten.

Dann wird er wieder hinuntergeschleudert. Er ist schockiert von der unglaublichen Gewalt der Welle. Es dröhnt in seinen Ohren, das Wasser wird in seine Nase gedrückt. Seine Glieder sind ganz verdreht und verrenkt. Er kann seine Beine nicht mehr spüren. Hat er sich etwas gebrochen? Seine Lungen brennen entsetzlich.

Dann lässt Danny alles los ... alles außer mir und dem Baby ... Er schreit: *Jennifer! Jennifer, hilf mir! ... Bitte, hilf mir doch, Jennifer!*

Ich schreckte aus dem Traum hoch und fand mich in meinem alten Zimmer in Sams Haus wieder. Meine Haut war mit kaltem Schweiß bedeckt, mein Herz raste. Wie konnte ich die Vergangenheit hinter mir lassen, wenn Danny immer wieder in meinen Träumen auftauchte? Ich hatte ihn allein nach Hawaii fliegen lassen, war erst später nachgereist – alles, was passiert war, war meine Schuld. Alles.

18

Ich blieb noch eine Weile im Bett liegen, bis ich draußen lautes Gejohle hörte. Da raffte ich mich endlich auf, ging ans Fenster und zog den Vorhang zur Seite.

Da war er – aber heute Morgen hatte er wenigstens eine Badehose an. Ich sah ihm zu, wie er mit einem perfekten Kopfsprung vom Steg in den See eintauchte. »Werd endlich erwachsen«, murmelte ich. Aber dann fragte ich mich, seit wann ich eigentlich so miesepetrig drauf war.

Ich duschte, schlüpfte in die Jeans von gestern und ein *Tribune*-Softball-T-Shirt, steckte meine Haare hoch und trat hinaus in den milden Sommermorgen. Ich brauchte die frische Luft, um meine Albträume abzuschütteln.

Rund zwölfhundert identische weiße Bootsstege verteilen sich auf die einundvierzig Kilometer Ufer des Lake Geneva. Jeder Steg ist knapp zweieinhalb Meter breit und zehn Meter lang, und so gut wie jedes Haus am See scheint einen zu haben. Im November werden die Stege für den Winter eingelagert, und wenn es Frühling wird, bekommen sie einen frischen Anstrich und werden wieder ins Wasser gesetzt.

Ich ging mit meiner Kaffeetasse zur Spitze von Sams Steg, von wo ich die Stockenten beim Gründeln und die Möwen bei der Jagd nach ihrem Frühstück beobachten konnte. Wisconsin ist ganz verrückt nach Fisch, vor allem Flussbarsch, aber auch Kabeljau und Forellen. Es ist auch die Heimat der Republikanischen Partei, aber ebenso des demokratischen Senators und Hüters der Finanzmoral William Proxmire, der sich mit dem »Golden Fleece Award« für Regierungsbehörden, die Steuergelder verschwenden, einen Namen gemacht hat. Interessanter Staat.

Draußen auf dem See konnte ich Brendan Keller sehen;

er schwamm mit jenen kräftigen Kraulzügen, die ich schon am Morgen zuvor bewundert hatte. Während ich hinausschaute, kam er plötzlich auf mich zugeschwommen. Die Figur im Wasser wurde größer, kam immer näher, und dann tauchte er am Rand von Sams Steg auf und zog sich hoch.

Er schüttelte sich wie ein nasser Hund.

»*He*«, protestierte ich.

»Du solltest deinen Badeanzug auspacken und mit mir schwimmen kommen, Scout. Das Wasser ist unglaublich. Ich übertreibe nicht.«

»Ich kann nicht«, sagte ich und hatte dabei selbst den Eindruck, dass ich mich wie eine Spielverderberin anhörte. »Ich habe den Tag schon verplant.«

»Arbeit?« Er lächelte und streifte sich das Wasser mit den Handkanten vom Körper, wie ich es schon am Vortag bei ihm gesehen hatte.

»Ich will Sam besuchen«, antwortete ich. »Und ich habe gerade darüber nachgedacht, eine Kolumne über Verschwendung von Steuergeldern durch die Regierung zu schreiben. Mein Kopf arbeitet halt ununterbrochen weiter, weißt du.«

»Schon was gegessen?«

»Ich trinke gerade mein Frühstück«, erwiderte ich und hielt meine Tasse hoch.

»Da weiß ich was Besseres«, sagte er. »Jetzt mach mir bitte keine Schwierigkeiten, ja? Meine Blaubeerpfannkuchen haben fünf Sterne verdient, und sie sind in null Komma nix fertig. Du kannst dich auf mich verlassen, okay?«

Mich auf ihn verlassen? Ich machte den Mund auf und dann wieder zu. Ich hatte das ständige Protestieren gründlich satt. Ich wollte mich nicht mit ihm streiten; nicht jetzt.

Also tat ich ihm den Gefallen. Ich verließ mich einfach darauf, dass er wirklich Fünf-Sterne-Blaubeerpfannkuchen machen konnte.

Und zwar in null Komma nix.

19

Noch während ich mit Brendan den Uferpfad entlangging, fragte ich mich, was ich hier eigentlich machte. Andererseits, was war denn so schlimm daran? Und wenn ich ehrlich war, musste ich zugeben, dass ich ziemlich hungrig war, und Fünf-Sterne-Blaubeerpfannkuchen schienen da genau das Richtige zu sein.

Shep Martins Haus war neu, aber gemütlich. Die Küche hatte hohe Fenster und Oberlichter, blitzsaubere Marmor-Arbeitsflächen und einen Hartholzboden. Im Hintergrund lief Akustik-Jazz (eine fantastische Stimme sang »Stagger Lee«). Und die Pfannkuchen waren *wirklich* hervorragend. Nicht klebrig, nicht verbrannt, nicht zu trocken. Einfach genau richtig.

Leider war die Unterhaltung zwischen Brendan und mir ein wenig verkrampft. Er sagte, er sei auf die Website der *Tribune* gegangen, um ein paar von meinen alten Artikeln noch einmal zu lesen. Meine Geschichte von dem entführten Kind hatte ihn berührt, und über meine Umfrage »Mit wem würden Sie lieber auf eine einsame Insel verschlagen werden – mit Ihrem Partner oder mit Ihrer Katze?« hatte er Tränen gelacht.

Ich nickte höflich, sagte aber nicht viel. Allmählich fühlte ich mich ein wenig unbehaglich. Ich wäre lieber gegangen, aber ich wusste nicht recht, wie ich mich elegant aus der Affäre ziehen sollte.

Während wir die letzten Pfannkuchen verspeisten, erzählte Brendan mir, dass er Radiologe war und in South Bend in Indiana wohnte. »Schön«, meinte ich – eine einsilbige Antwort.

Er schüttelte den Kopf, anscheinend verwirrt. »Ich rede normalerweise nicht so viel über mich«, sagte er. »Muss wohl die viele frische Luft sein. Ich habe mir eine Auszeit genommen. Man kann nicht ständig im Dunkeln sitzen und Röntgenbilder anstarren – da dreht man irgendwann durch und will nur noch raus an die Sonne.«

Ich war schon länger geblieben, als ich vorgehabt hatte. Eigentlich hatte ich nur etwas essen und mich dann möglichst schnell aus dem Staub machen wollen. Schließlich dankte ich Brendan für das Frühstück und ging zurück zu Sams Haus. Ich musste mich beherrschen, um nicht loszurennen.

Als ich nach hundert Metern Sams Rasen erreichte, der sich bis zum Uferpfad hinunterzog, wurde ich von meinen beiden Mädels mit lautem Miauen begrüßt. Zusammen gingen wir über den Weg, der am Staudenbeet meiner Großmutter vorbeiführte, zum Haus hoch. Sam hatte wirklich eine ganze Menge Talente. Mit einer Ausnahme vielleicht: Das Talent, den richtigen Ehemann zu finden, besaß sie offenbar nicht. Und nur Gott und Sam wussten, was die Briefe noch an Überraschungen für mich bereithielten.

Auf hundert Metern, über die ganze Länge des Grundstücks vom See bis fast zur Straße, hatte sie ein wahres Blütenmeer herangezogen. Das Beet stand schon in seiner vollen Sommerpracht. Altrosa und rot blühende Strauchrosen frohlockten; die Irisblüten schienen wie kleine Schwärme leuchtend blauer Kolibris, die um die Stängel flatterten.

Dann sah ich plötzlich, dass ich nicht allein im Garten war. Als ich den Mann erkannte, musste ich schmunzeln. »Ach, wen haben wir denn da?«, rief ich.

20

»Henry! Wie schön, dich zu sehen!«, begrüßte ich den groß gewachsenen, drahtigen Mann, der gerade Gartengeräte aus einem Pick-up lud. Sein kahler Schädel war von einem schneeweißen Haarkranz eingefasst, seine Augen funkelten lebhaft, und er bewegte sich mit einer Behändigkeit, die man einem Mann von Mitte siebzig kaum zugetraut hätte.

»Jennifer, ich hatte gehofft, dich hier anzutreffen«, antwortete er. »Gestern im Krankenhaus habe ich dich um ein paar Minuten verfehlt. Du siehst blendend aus, meine Liebste.« Und dann gab Henry mir einen dicken Kuss auf die Wange und drückte mich so fest, dass er mich fast zerquetscht hätte.

Ich erzählte ihm, was ich bei meinem morgendlichen Anruf im Krankenhaus erfahren hatte – dass Sams Zustand unverändert war. Henry nickte, und ich sah den Schmerz in seinen Augen. Ich musste an früher denken – wie oft hatte ich ihm und Sam zugesehen, wie sie zusammen den Garten auf Vordermann gebracht hatten.

Henry Bullock hatte sein Handwerk in Wisley in England gelernt und war unbestritten der beste Gärtner in ganz Lake Geneva. Sam war dagegen nur eine begeisterte Amateurin. Aber Henry lobte sie immer in den höchsten Tönen. »Sam hat ein hervorragendes Auge. Es ist eine Freude, mit ihr zusammenzuarbeiten.«

»Ich wäre beinahe selbst tot umgefallen, als ich sie da auf dem Küchenboden gefunden habe«, sagte er nun und schüttelte dabei den Kopf, als wollte er die Erinnerung loswerden.

»*Du* hast sie gefunden?«, fragte ich überrascht.

»Ja«, antwortete er und fuhr sich mit einem Taschentuch über die Augen. »Ich wünschte, Sam könnte ihr Beet heute Morgen sehen.«

Oh, wie sein Schmerz meinen eigenen wieder aufwallen ließ! Ich drückte ihn noch einmal an mich. Wir murmelten uns beschwichtigende Worte ins Ohr und versicherten uns gegenseitig, dass Sam bald wieder zu Hause sein würde. Henry hatte immer irgendwie zur Familie gehört.

Einige Augenblicke später machte das Dröhnen eines Motors jede Unterhaltung unmöglich. Joseph, einer von Henrys Söhnen, hatte im Garten vor dem Haus den Rasenmäher angeworfen. Ich verabschiedete mich von Henry und ging die Stufen zur Veranda hoch.

Auf meiner Armbanduhr war es zwanzig vor neun, und ich schätzte, dass mir noch Zeit für zwei weitere Briefe blieb, bevor ich zu Sam ins Krankenhaus fuhr.

21

Liebe Jennifer,

ich will mich ein wenig darüber auslassen, wie wichtig es sein kann, eine zweite oder gar eine dritte Chance zu bekommen und sie auch zu nutzen. Eines Tages half ich in der Bibliothek aus, als aus einem Roman ein Lesezeichen herausfiel. Ich hob es auf und sah, dass es ein handgeschriebener Zettel war. Jemand hatte sich das folgende Zitat von einem gewissen Pater Alfred d'Souza notiert: »Lange Zeit schien es mir, als würde das Leben erst noch beginnen – das richtige Leben. Doch immer war irgendein Hindernis im Weg, etwas, das erst noch erledigt werden musste, irgendeine unabgeschlossene Angelegenheit, immer war irgendwo noch eine Schuld zu begleichen. Danach würde das Leben beginnen.

Schließlich dämmerte mir, dass diese Hindernisse mein Leben waren.«

Jennifer, genau so ging es mir, als mein Leben sich so zäh von Tag zu Tag dahinschleppte. Gewiss, ich machte stets gute Miene zum bösen Spiel, aber in mir drin sah es anders aus.

Über zwanzig Jahre waren vergangen, seit ich mir geschworen hatte, dass ich mir eine zweite Chance geben würde, und ich hatte es noch immer nicht getan. Ich hatte zwei wunderbare Töchter großgezogen. Ich hatte vielleicht zehntausend Essen gekocht und dreißigtausend Betten gemacht, ich hatte mich zwischen ehrenamtlichen Aktivitäten in der Gemeinde, dem Engagement im Elternausschuss und den Pflichten einer Rechtsanwaltsgattin aufgerieben. Aber was meine Ehe mit Charles betraf, hatte ich mich in mein Schicksal ergeben, und ich glaubte, ehrlich gesagt, nicht mehr ernsthaft an die Möglichkeit einer zweiten Chance.

Doch dieses kleine Zitat löste etwas in mir aus.

Und vielleicht bereitete es mich auf einen der wichtigsten Momente in meinem Leben vor.

Ich war erst dreiundvierzig, aber ich war schon fast sechsundzwanzig Jahre verheiratet. Meine Kinder waren erwachsen, und ich hatte das Gefühl, dass meine Seele vertrocknete wie eine Fliege in einem Spinnennetz in einer staubigen Zimmerecke. Jennifer, ich war nie wirklich verliebt gewesen. Ist das nicht bemerkenswert?

Drei Wochen, nachdem ich diesen Zettel gelesen hatte,

lernte ich jemanden kennen. Ich werde seinen wahren Namen nicht verraten, Jennifer. Nicht einmal dir.

Ich nannte ihn Doc.

22

Jennifer, meine Liebe,

wenn dich das jetzt umhaut – und es würde mich nicht wundern –, dann stell dir nur mal vor, wie es *mich* umgehauen hat. KA-WUMM! Ich war einfach hin und weg!

Jetzt will ich dir erzählen, wie es dazu kam. Eigentlich kannte ich Doc schon seit Jahren, aber wirklich kennen gelernt habe ich ihn erst bei einem endlosen Wohltätigkeitsessen für das Rote Kreuz im Hotel Como. Wir saßen zufällig am selben Tisch, und nachdem wir an diesem Abend einmal ins Gespräch gekommen waren, wollten wir gar nicht mehr aufhören. Ich kann es gar nicht recht in Worte fassen, aber schon nach kurzer Zeit stand ich in hellen Flammen. Endlich *fühlte* ich wieder etwas. Ich glaube, die Funken flogen so heftig zwischen uns, dass meine Locken sich bis in die Spitzen aufrichteten! Ich hätte mich die ganze Nacht mit ihm unterhalten können, bis zum nächsten Morgen. Wir machten sogar Witze darüber, dass wir genau das tun würden.

Charles merkte natürlich nichts von alldem.

Ich weiß noch genau, was Doc an diesem Abend anhatte: einen beigefarbenen Leinenanzug, ein blaues Oxfordhemd und eine handbemalte Krawatte. Er war groß und schlank und hatte dichtes blondes Haar mit Silberstreifen darin – mit Abstand der attraktivste Mann im Raum (jedenfalls in meinen Augen). Beim Essen erzählte er mir von den Sternen, besonders von einem Kometen, der in Kürze unseren Teil des Universums durchqueren und danach erst in zweihundert Jahren wiederkehren würde. Er war so umfassend gebildet, und vor allem hatte er eine tiefe Leidenschaft für das Leben – etwas, was mir so ungeheuer wichtig war und was mir so viele Jahre gefehlt hatte.

Wir hatten viele gemeinsame Interessen, und auch abgesehen von der Tatsache, dass es zwischen uns gefunkt hatte, fühlte ich mich ganz einfach wohl in seiner Gegenwart – vom ersten Augenblick an. Er war ein guter Zuhörer, und aus irgendeinem Grund war ich mir sicher, dass er mich so akzeptieren würde, wie ich nun einmal war. Jen, es war, als wäre ich endlich zu Hause angekommen – für diesen einen Abend jedenfalls. Zum ersten Mal seit fünfundzwanzig Jahren hatte ich das Gefühl, beinahe wieder ich selbst zu sein. Kannst du dir vorstellen, was das für ein Gefühl ist? Ich hoffe für dich, dass du es nicht kannst.

Ich sollte dir erklären, wieso du bisher nie von Doc gehört hast. Es ist natürlich nicht sein wirklicher Name, doch er passte ausgezeichnet zu ihm (denn er sieht ganz und gar nicht wie ein Doktor aus …), und es gefiel mir, ihn mit einem Namen anzureden, der nur uns beiden gehörte. Es war eines unserer »Geheimnisse« – eines von vielen, wie sich herausstellen sollte.

Wir trafen uns in diesem Sommer noch ein paarmal, zufällig und nicht ganz so zufällig, und ich glaube, wir waren schon ein wenig ineinander verliebt, eher wir es uns selbst so recht eingestanden. Ich glaube, ich habe mich zuerst in ihn verliebt, aber bei ihm dauerte es auch nicht viel länger, und dann war es genauso heftig und unwiderruflich wie bei mir.

Jennifer, ich weiß, wie furchtbar traurig du immer noch wegen Danny bist. Ich glaube, kaum jemand kann das so gut verstehen wie ich. Und niemand kann dir sagen, wie lange du trauern musst. Ich will dir nur eines sagen, weil es wirklich wichtig ist: Verbanne die Liebe nicht endgültig aus deinem Leben. Das ist mir so ungeheuer wichtig, mein liebes, süßes, kluges Mädchen. Deshalb schreibe ich dir diese Briefe.

Bitte, verbanne die Liebe nicht – sie ist das Beste, was wir im Leben haben.

Und jetzt lies bitte nicht weiter. Denk zuerst über das nach, was ich dir gesagt habe. In diesen Briefen geht es nicht nur um mein Leben, Jen, sondern auch um deines.

Zweiter Teil

Junge Liebe

23

Mehr und mehr passte ich mich dem gemächlichen Lebensrhythmus von Lake Geneva an, und ich genoss es sogar noch mehr, als ich gedacht hatte.

Sams Freundinnen und Freunde waren immer für mich da. Ich hätte, wenn ich gewollt hätte, jeden Abend in einem anderen Haus essen können. In vielerlei Hinsicht war es wie ein Sommerurlaub – natürlich mit der gravierenden Einschränkung, dass Sam krank war und ich nicht wusste, ob sie je wieder gesund werden würde.

Eines frühen Nachmittags saß ich in ihrer Küche; mein Laptop war über ein altmodisches schwarzes Telefonkabel mit dem Internet verbunden, und meine Mailbox war bis obenhin voll mit Nachrichten meiner Leserinnen und Leser. Viele schrieben mir, dass sie mich vermissten und dass sie hofften, es gehe mir gut.

Ich liebe diese enge Beziehung zu meinen Lesern; sie ist mit das Beste an meinem Job. Mehr noch: Mein Job hängt ganz wesentlich davon ab, denn wenn meine Kolumne die Leser emotional anspricht, dann kaufen sie auch regelmäßig die *Tribune*. Also hatte ich mich eine Stunde zuvor mit meiner Chefredakteurin darauf geeinigt, dass ich bis auf weiteres aus Lake Geneva schreiben würde – 750 Wörter pro Kolumne, dreimal die Woche, so wie immer. Nur eben ganz anders.

Ich öffnete mein Textverarbeitungsprogramm und spielte mit ein paar Ideen herum, doch meine Gedanken schweiften immer wieder zu Sam ab. Und ich musste an meine Mutter denken. Ich hätte sie so gebraucht, aber sie war nicht da gewesen. Sie hätte nicht sterben sollen, aber dennoch war sie gestorben. Und natürlich dachte ich an Danny. Er war immer in meinen Gedanken, oder jedenfalls nicht weit weg davon. Und dann hörte ich auf, über die Vergangenheit nachzugrübeln. Ich *musste* endlich damit aufhören.

Ein leises Klopfen an der Hintertür unterbrach meinen Gedankengang. Ich ging hin und sah Brendan Keller auf der Veranda stehen. Ich hatte ihn zwei Tage lang nicht gesehen und war ziemlich überrascht.

Er lächelte und fragte: »Kommst du mit raus zum Spielen?«

24

»Okay«, sagte ich, womit ich ihn wahrscheinlich ebenso überraschte wie mich selbst. Und dann, ehe einer von uns beiden es sich noch anders überlegen konnte, trat ich einfach hinaus auf die Veranda. Ich war sowieso nicht in der Stimmung fürs Schreiben – oder vielmehr, ich hatte keine Lust, weiter den leeren Computerbildschirm anzustarren.

»Auf einen doppelten Schokoshake«, sagte Brendan, und ich wusste gleich, was er meinte.

»Daddy Maxwell's«, antwortete ich.

Daddy Maxwell's Arctic Circle Diner ist ein kleines Lokal in Iglu-Form, mit weiß verputzten Wänden, einer blauweiß gestreiften Markise und einer Küche, die einfache Gerichte auf höchstem Niveau bietet. Was ihm an gediegener Atmosphäre fehlt, macht es durch das gute Essen mehr als wett. Von der Knollwood Road sind es nur rund drei Kilometer, und in drei Minuten waren wir dort.

Nichts schien sich verändert zu haben seit unserer Teenagerzeit, als das Maxwell's *der* angesagte Schuppen gewesen war. Wir setzten uns an einen Tisch am Fenster. Wir bestellten bei Marie, einer der aufmerksamen Bedienungen des Maxwell's, und sie verschwand in der Küche.

Kaum zehn Minuten später starrte ich über meinen Veggie-Burger hinweg auf Brendans Teller. Er hatte das Tagesgericht bestellt und dazu einen großen Schokoshake. Das Tagesgericht war ein Omelett nach Südstaatenart, mit drei Eiern und gerösteten Zwiebeln, dazu knusprige Bratkartoffeln und eine Extraportion geriebener Cheddar.

»Ich denke, du bist *Arzt*«, sagte ich.

»Man lebt nur einmal.« Brendan grinste. »Komm, gib dir einen Ruck, Jennifer. Probier's einfach mal. Das Omelett *und* den Shake.«

Ich lachte und angelte mir mit meiner Gabel einen dampfenden Happen Omelett von seinem Teller. Dann nahm ich mir noch eine Gabel voll.

Und einen Schluck von dem cremigen Schokoshake.

Und dann bestellte Brendan auch für mich ein Omelett und einen Shake.

»Du bist sowieso viel zu dünn«, sagte er. Eine der charmantesten Bemerkungen, die ich in letzter Zeit gehört hatte.

Wir ließen uns Zeit mit dem Essen, und dann saßen wir noch eine ganze Weile beim Kaffee. Ich war selbst überrascht, wie viel Spaß es mir machte. Wir tauschten die wichtigsten Schlagzeilen über die letzten fünfundzwanzig Jahre unseres Lebens aus. Ich erzählte ihm ein wenig von Danny, doch er wusste schon Bescheid. Brendan sagte mir, dass er seit anderthalb Jahren geschieden war – seine Frau hatte eine Affäre mit einem der Partner in ihrer Anwaltskanzlei gehabt. »Das passt zu *ma belle* Michelle, dass sie etwas mit einem Kollegen angefangen hat«, meinte er. »Sie war nun mal ein Workaholic – ist es vermutlich immer noch, was weiß ich.«

Ich nickte, doch insgeheim musste ich daran denken, dass Danny mich auch als Workaholic bezeichnet hatte, und zwar mit Recht. Ich fühlte mich schuldig, und eine plötzliche Traurigkeit legte sich über mich wie ein schwerer Vorhang. Brendan bemerkte die Veränderung und legte seine Hand auf meine. Ich beeilte mich ihm zu versichern, dass alles in Ordnung sei, und zog instinktiv die Hand zurück. Also war vielleicht doch nicht alles in Ordnung.

»Ich muss jetzt gehen«, sagte ich.

»Okay«, meinte Brendan. »Gehen wir.«

Im Auto erzählte ich Brendan, ich hätte wieder einen Abgabetermin und würde wahrscheinlich die halbe Nacht durcharbeiten müssen.

»Schon verstanden«, sagte er und lächelte. »Das heißt so viel wie: ›Zisch ab!‹«

»Nein, nein, überhaupt nicht«, protestierte ich. »Ich will damit nur sagen – na, ja … ›zisch ab‹ eben.« Damit brachte ich ihn immerhin zum Lachen.

Auf dem Parkplatz vor Sams Haus verabschiedeten wir uns. Ich zog mich sofort um und joggte zwanzig Minuten durch die kurvigen Straßen um die Knollwood Road herum. Ich habe die sechzig Kilo, die ich auf dem College hatte, immer gehalten, und ich wollte, dass es auch weiter so blieb – auch wenn Brendan gesagt hatte, ich sei zu dunn.

Während ich lief, dachte ich ein wenig über ihn nach. Er war humorvoll und zweifellos sehr klug. Und er hörte mir immer aufmerksam zu, was man von den meisten Männern nicht behaupten kann. Aber er musste doch auch seine Geheimnisse haben, irgendwelchen Ballast aus der Vergangenheit. Was machte er wirklich hier am See? Versuchte er immer noch, über seine Scheidung hinwegzukommen? So attraktiv und charmant und nett, wie er war, nahm ich es ihm einfach nicht ab, dass er überhaupt niemanden hatte.

Als ich ins Haus zurückkam, stellte ich mich gleich unter die Dusche und ließ das heiße Wasser auf mein hyperaktives Hirn niederprasseln. Dann zog ich Shorts und ein ärmelloses Top an, machte mir einen Eistee und ging mit einem Stapel von Sams Briefen auf die hintere Veranda.

Dort setzte ich mich im Schneidersitz auf den Boden und ließ mir die Sonne auf den Pelz brennen. Und dann öffnete ich den nächsten der Umschläge, die alle in sauberer Schreibschrift meinen Namen trugen.

25

Meine liebe Jen,

als du ein kleines Mädchen warst und so zuckersüß, dass ich fast Zahnweh bekam, wenn ich dich nur anschaute, da hast du immer so schrecklich geweint, wenn der Sommer vorbei war. Jedes Jahr ging das so – bis ich schließlich eine Idee hatte, wie ich dir den Abschied versüßen könnte.

Am letzten Tag des Sommers habe ich dir ein großes Mayonnaiseglas in die Hand gedrückt und dich damit an den See geschickt. Ich habe dir gesagt, dass du darin »den Strand mitnehmen« könntest, mit nach Madison, wo du zu Hause warst.

Ich wusste, dass du dabei gleich an diese glatten, faustgroßen grau-schwarzen Steine denken würdest, die du immer gefunden hast, wenn du barfuß im flachen Uferwasser gewatet bist. Ich wusste, das waren kostbare Erinnerungen für dich, genau wie die hellen, runden Kiesel, die die Wellen ans Ufer spülten. Und dann war da natürlich der Sand und das kalte, klare Wasser des Lake Geneva. Es war faszinierend zu beobachten, wie du versuchtest, deinen ganzen Sommer in ein Mayonnaiseglas zu packen.

Es waren mehrere Versuche nötig an diesem einen langen Vormittag Ende August – »Oma Sam, ist es schon voll?« –, aber endlich bist du dahintergekommen, dass du am meisten von deiner Ausbeute im Glas unterbringen konntest, wenn du die dicken Steine zuerst hineinlegtest. Dann rutschten nämlich die kleineren Kiesel und die Schneckenhäuser in die Zwischenräume zwischen den Steinen.

Und wenn es so aussah, als sei das Glas schon randvoll, dann hast du immer noch ein paar Deckel voll Sand darin untergebracht.

Und am Schluss, wenn wirklich gar nichts mehr reinzupassen schien, hast du dein Glas in den See getaucht und deinen »Strand« mit Wasser aufgefüllt. Schlaues Mädchen!

Und dann, Jenny, habe ich dir gesagt, dass das Leben so ähnlich ist wie ein Glas, in das du den Strand füllst. Es kommt nicht darauf an, *alles* hineinzubekommen, sondern zuerst die wichtigsten Dinge unterzubringen – die großen, schönen Steine oder die wertvollsten Menschen und Erfahrungen. Das weniger Wichtige konnte man dann in die verbleibenden Lücken stecken.

Sonst lief man Gefahr, das Beste zu verpassen.

Ich habe nachgedacht – über die großen Steine und darüber, wie sehr sich meine Prioritäten im Lauf der Jahre verändert haben. Früher kam es mir vor allem darauf an, es allen Leuten recht zu machen – deinem Großvater und meiner Schwiegermutter, um nur zwei zu nennen. Es war wichtig, sich bei Dinnerpartys zu zeigen und das Haus so sauber zu halten, dass es Sir Charles' militärisch strengen Inspektionen standhielt.

Seit ich es nur noch mir selbst recht mache, habe ich viel bessere Prioritäten: die Menschen, die ich liebe; meine Gesundheit; das Beste aus jedem Tag herausholen. Der Schauspieler Danny Kaye hat einmal gesagt: »Das Leben ist eine riesige Leinwand. Klatsch so viel Farbe darauf, wie du nur kannst.« Der Gedanke gefällt mir. Mehr noch, ich versuche, so gut ich kann, danach zu leben.

Meistens stehe ich morgens sehr früh auf, damit ich den Sonnenaufgang beobachten kann. Ich verteile kleine Flaschen mit Blütenknospen darin im ganzen Haus, damit ich überall zusehen kann, wie sie aufblühen. Ich füttere die Blauhäher mit ganzen Erdnüssen, denn sie packen ihre Geschenke gerne selber aus, und ich werde es nie müde, ihnen dabei zuzusehen, wie sie versuchen, mehr als eine Erdnuss auf einmal in den Schnabel zu kriegen. Ich lese gute, *schwierige* Bücher, und wenn ich nicht schlafen kann, lege ich vielleicht noch ein paar Scheite in den Kamin und sehe mir alte Folgen von *Law and Order* an.

Und noch etwas mache ich gerne. Einmal im Monat koche ich eine Riesenschüssel Pasta mit Tomatensauce und lade alle meine allein stehenden Freunde zum Essen ein. Jeder bringt etwas mit, und dann sitzen wir alle um den

Tisch herum, lassen uns das Selbstgekochte schmecken und genießen die Gesellschaft. Wir lachen oft und aus vollem Hals, und wenn sie dann alle wieder nach Hause fahren, muss ich nicht befürchten, dass sie allzu sehr über mich herziehen!

Und falls du dich jetzt fragst, ob Doc auch bei diesen Essen dabei ist – ja, immer! Die anderen wissen bloß nicht, dass er Doc ist.

26

Liebe Jen,

Heute habe ich so lachen müssen – und du sollst auch mitlachen können.

Ich komme gerade vom Einkaufen zurück und merke, dass mein Rocksaum im Bund der Strumpfhose hängen geblieben ist. Den ganzen Tag bin ich so rumgelaufen – ich war im Supermarkt, bei Woolworth, im Daddy Maxwell's, und die ganze Zeit haben meine Schwanzfedern hinter mir im Wind geflattert. Und kein Mensch hat etwas gesagt. Ist das nicht zum Schreien? Ja, und das hat mich auf einen Gedanken gebracht, der mir sehr gefällt, Jen; es hat eine Weile gedauert, bis ich es kapiert hatte. Wenn du weißt, dass du über eine Sache lachen wirst, wenn du später daran zurückdenkst, dann kannst du auch *gleich* darüber lachen.

Nichts ist je so schlimm, wie es im ersten Moment aussieht. Sei einfach etwas lockerer, Mädchen! In deinen Kolumnen in der *Chicago Tribune* bist du immer so witzig, aber ich finde, du könntest ruhig auch mal im wirklichen Leben ein bisschen mehr lachen. Irgendwo habe ich gelesen, dass beim Lachen sehr angenehme chemische Substanzen im Gehirn freigesetzt werden. Es tut dir gut, und vor allem – es kostet nichts!

27

Ich amüsierte mich köstlich über Sams Brief; aber es dauerte nicht lange, bis mir die Tränen über die Wangen liefen – und zwar nicht vom Lachen. Sie fehlte mir so sehr, dass ich es fast nicht ertragen konnte. Es genügte nicht, dass ich sie zweimal täglich im Krankenhaus besuchte. Wenn ich ihre Briefe las, wünschte ich mir so sehr, ihre Stimme zu hören –wenigstens noch ein einziges Mal. Und ich musste wirklich mit Sam über ein paar Dinge reden.

Zum Beispiel: Wer war Doc? Kannte ich ihn? Lebte er noch – und wenn ja, würde er dann nicht Sam im Krankenhaus besuchen? War ich ihm dort begegnet?

Ich erinnerte mich sehr wohl daran, wie ich versucht hatte, den ganzen Lake Geneva in ein Mayonnaiseglas zu stopfen, als ich ungefähr fünf Jahre alt gewesen war. Aber dass Sam sich nicht nur daran erinnerte, sondern auch noch so viel Bedeutung darin gefunden hatte, das war fast zu viel für mich. Meine Kehle war wie zugeschnürt.

Ich ging hinunter zum See und pulte mit den Zehen einen wunderschönen schwarzen Stein mit ein paar rauen Kanten aus dem Sand. Ich nahm ihn mit und legte ihn auf den stetig wachsenden Stapel von Sams Briefen auf dem Wohnzimmertisch.

Gleich neben meinem Laptop, der leise vor sich hin summte und darauf wartete, dass ich zu schreiben begann.

Du hast auch noch einen Job, für den du bezahlt wirst, Jennifer.

Als Erstes warf ich die Zeilen, die ich am Morgen geschrieben hatte, in den Papierkorb. Ich hatte eine neue Idee, aber lange Zeit wusste ich nicht, wie ich anfangen sollte.

Schließlich schrieb ich:

Das letzte Mal, dass ich meine Oma Sam in ihrem Haus am Lake Geneva gesehen habe, war Anfang September. Wir verabschiedeten uns nach einem wunderbaren langen Labor-Day-Wochenende, das ich bei ihr verbracht hatte.

Sam wirkte gesund und zufrieden, aber als sie mich an der Tür umarmte, hatte ich das Gefühl, dass irgendetwas sie beschäftigte und dass sie vielleicht nicht recht wusste, wie sie es mir sagen sollte. Der Augenblick verstrich, ohne dass ich sie danach gefragt hätte.

Ich stieg in meinen Wagen, und als ich die Straße erreichte, hupte ich noch einmal kurz zum Abschied. Wie hätte ich wissen können, dass ich meine Großmutter das nächs-

te Mal im Krankenhaus wiedersehen würde, dass sie im Koma liegen und vielleicht nie mehr in der Lage sein würde, mit mir zu sprechen?

Während ich an meiner Kolumne feilte, ging der Tag allmählich in die Nacht über. Um ein Uhr früh war ich immer noch damit beschäftigt, meine Dankbarkeit darüber in Worte zu fassen, dass Sam ihre Gedanken für mich zu Papier gebracht hatte. Wie viele meiner Leserinnen und Leser konnten sich so glücklich schätzen? Wie viele von uns kennen die wahre Geschichte ihrer Eltern und Großeltern? Wie viele von uns geben die Geschichte ihres Lebens an ihre eigenen Kinder weiter? Welch ein Verlust für die Kinder, wenn wir es nicht tun! Was sind wir denn anderes als unsere Geschichten?

Diese Kolumne zu schreiben war so, wie wenn man einen Wollpullover aufzieht. Ich zupfte an einem Gedanken, und ein langer, glatter Faden aus Worten löste sich aus dem Gewirr. Mit meinem ersten Entwurf schoss ich weit über das Limit von 750 Wörtern hinaus, sodass ich den Text radikal kürzen und umschreiben und wieder kürzen musste.

Als mir nichts mehr einfiel, was ich an dem Artikel noch hätte verbessern können, schloss ich ihn mit einer Aufforderung an die Leser ab, mir Geschichten von ihren Lieben zu erzählen. Ich freute mich schon auf die Post, die ich bekommen würde; auf die Geschichten, die mir anvertraut würden; die Familiengeheimnisse, in die ich eingeweiht würde.

Um zwei Uhr morgens, kurz bevor ich vom dauernden Starren auf den Computerbildschirm ganz und gar erblindet war, klickte ich schließlich auf »Senden«. Eine Mikrosekunde später lag meine Geschichte schon in Debbies elektronischem Briefkasten bei der *Tribune*.

Dann ging ich ins Bett und weinte in mein Kissen. Ich war nicht traurig – nein, ganz und gar nicht. Es war einfach nur so wunderbar, etwas derart intensiv zu fühlen und dann auch noch die richtigen Worte dafür zu finden.

Was sind wir anderes als unsere Geschichten?

28

Als ich am Morgen aufwachte, war ich ganz aufgeregt und irgendwie trotz allem glücklich. Meine Kolumne war im Kasten – ich hatte mich beinahe selbst übertroffen –, und ich hatte den Tag frei. Yippee!

Meinen blauen Badeanzug hatte ich noch nicht ausgepackt, seit ich ihn in Chicago in die Sporttasche getan hatte. Ich schlüpfte in den Einteiler mit dem runden Halsausschnitt und räumte noch rasch ein wenig auf. Und dann tat ich etwas, womit ich selbst nicht gerechnet hatte. Ich machte mich auf die Suche nach Brendan.

Das Haus seines Onkels funkelte in der Morgensonne, die sich in den vielen Glasflächen spiegelte. Hinter dem Haus lag still und glitzernd der See.

Ich klopfte an die Küchentür, doch es machte niemand

auf. Schließlich spähte ich durch das Fenster hinein, indem ich die Augen mit den Händen abschirmte.

Ich war wohl ein wenig enttäuscht, dass Brendan nicht da war. Ich wäre doch so gerne mit ihm spielen gegangen.

Und dann entdeckte ich ihn durch das Wohnzimmerfenster. Als ich etwas genauer hinsah, hätte es mich fast umgehauen. Brendan kniete auf dem Teppich in der Mitte des Zimmers und hatte die Hände vor der Brust gefaltet.

Er betete.

29

Es war mir so peinlich, dass ich am liebsten im Boden versunken wäre. Ich wandte mich ab und ging die Verandastufen hinunter, um mich unbemerkt über den Rasen davonzuschleichen. Plötzlich hörte ich hinter mir das Knarren der Küchentür, und kurz darauf fiel sie mit einem Knall ins Schloss. Ich drehte mich um und sah Brendan auf mich zukommen. *O nein. Erwischt!*

»Hallo, Jen. Ich dachte doch, ich hätte es klopfen gehört. Hast du Lust, schwimmen zu gehen?«

»Hm, warum nicht?«, antwortete ich.

Er reagierte mit einem strahlenden Lächeln – ein Prachtexemplar von einem Lächeln, vollkommen offen und unbefangen. Dann forderte er mich mit einem frechen Spruch über faule Eier oder so ähnlich heraus und sprintete los in Richtung See.

Ich reagierte ganz instinktiv – und lief sofort hinter ihm her. Über den Rasen und dann bis zum Ende des zehn Meter langen, weiß gestrichenen Stegs – und als ich dort ankam, sprang ich ganz einfach in den See. *Just do it*, oder?

Ich klatschte mit dem Hintern voran ins Wasser, tauchte prustend auf und begann hinter Brendan herzuschwimmen, der schon auf eine etwa fünfzig Meter entfernte Boje zusteuerte. Ich legte mich mit aller Macht ins Zeug, aber Brendan war ein sehr guter Schwimmer, und ich musste neidlos anerkennen, dass er mich scheinbar mühelos abhängte.

Er grinste. »So, wer ist denn jetzt das faule Ei, du faules Ei?«

Wir hielten uns beide an der Boje fest. Sie schaukelte im Kielwasser eines ganz besonders lauten Motorboots, das auf dem See herumkurvte. Durch das Wasser in meinen Wimpern blinzelte ich Brendan an. Eigentlich bin ich eine ganz gute Schwimmerin, aber dass ich in letzter Zeit wieder mehr geraucht hatte, war nicht ohne Folgen für meine Sprintleistung geblieben, und Brendans Kraulstil war nun wirklich beeindruckend.

»Du hättest mich ja auch gewinnen lassen können«, sagte ich. »Oder wenigstens ein bisschen näher rankommen.«

Er zuckte mit den Achseln. »Das Gewinnen wird in diesem Land allgemein überschätzt. War aber trotzdem ein Superrennen.«

»Da hast du wohl Recht«, erwiderte ich. »Und ein morgendliches Bad im See wird allgemein *unter*schätzt.« Die

Wassertemperatur war genau richtig, und die Sonne schien warm auf mein Gesicht und meine Schultern.

»Allmählich kann ich mich wieder besser an dich erinnern, Scout. Du warst ziemlich hochnäsig und sehr von dir eingenommen.«

Tatsächlich? Offenbar war es mir damals gelungen, ihm etwas vorzumachen. »So bin ich immer noch«, sagte ich und spritzte ihm Wasser ins Gesicht. »He«, fügte ich hinzu und sah ihm grinsend in die Augen. »Ich glaube, ich habe eine Idee.«

Brendan sah einen Moment lang ziemlich verdutzt aus. »Für eine neue Kolumne?«

30

»Hast du Lust, mit mir segeln zu gehen?«, fragte ich.

»*Du? Segeln?* Ich denke, du ertrinkst in Arbeit?«

»Na ja, andererseits habe ich gerade einen meiner besten Artikel seit langem geschrieben.«

»Champagner!«, rief Brendan.

»Moment, eins nach dem anderen.«

Jetzt, da ich Brendan ein wenig besser kennen lernte, entdeckte ich ganz neue Seiten an ihm. Er hatte sich zu einem wirklich sympathischen Mann entwickelt – interessant, lustig und ganz und gar nicht selbstverliebt, soweit ich das beurteilen konnte. Nicht nur ermunterte er mich dazu, über Sam zu sprechen, wann immer ich das Bedürfnis dazu hatte, er war auch sonst sehr aufmerksam. Für unseren improvisierten Ausflug machte er zum Beispiel Sandwiches und steckte für mich eine Mütze mit langem Schirm ein, damit ich keinen Sonnenbrand im Gesicht bekam. Richtig lieb, nicht wahr?

Ich merkte gleich, dass die Jahre, die Brendan in dem Binnenstaat Indiana verbracht hatte, seinen seemännischen Fertigkeiten keinen Abbruch getan hatten. In gerade mal zehn Minuten hatte er die Scow seines Onkels aufgetakelt, und er schaffte es beim ersten Versuch, vom Landungssteg abzulegen.

Scows sind toplastige Segelboote mit flachem Rumpf, schnell, aber nicht allzu stabil, wie ich aus eigener Erfahrung wusste. Schließlich war ich so manchen Sommer in dem Sechzehn-Fuß-Boot meines Großvaters den elf Kilometer langen See auf und ab gesegelt. Brendan kümmerte sich um das Hauptsegel, während ich das Schwert versenkte und mich dann an den Klüver stellte. Unsere Bewegungen griffen so reibungslos ineinander, als wären wir ein seit Jahren eingespieltes Team.

Es war wirklich ein prächtiger Tag für einen Segeltörn. Die Sonne schien von einem leicht dunstigen Himmel herab, auf dem Wasser wehte eine angenehm kühle Brise, und die Luft hatte perfekte vierundzwanzig Grad.

Brendan machte mich auf die schönen historischen Wohnhäuser am Seeufer aufmerksam. Er hatte sie so lange nicht mehr gesehen, dass es ihm vorkam, als erblicke er sie zum ersten Mal. Unsere angenehmen Gedanken wurden jäh vom Dröhnen zweier Jet-Ski-Motoren unterbrochen. Ein Teenager-Pärchen umkreiste uns mit seinen Wassermotorrädern und drohte unser Boot unter Wasser zu setzen. Ich griff nach der Klüverleine, Brendan versuchte noch, das Boot zu stabilisieren, indem er sich auf die andere Seite warf – doch es war zu spät.

Die Scow kenterte, und wir landeten beide im erfrischenden Nass.

»Alles okay?«, hörte ich ihn sagen, als ich keuchend und prustend auftauchte.

»Alles klar. Und bei dir?«

»Dito. Keine Sorge, ich hab mir die Nummer von diesen kleinen Rowdys gemerkt.«

Ich lachte. Brendan richtete das Boot auf und half mir hinein, und bald konnten wir weitersegeln – klatschnass, aber ansonsten unversehrt. Der Rest des Nachmittags verschwamm zu einer angenehmen Erinnerung. Wir segelten durch die Narrows, vorbei am Lake Geneva Country Club und dem »Black Point«, einem architektonisch ausgefallenen Sommer-»Cottage« mit dreizehn Zimmern, erbaut gegen Ende des neunzehnten Jahrhunderts. Als unsere Gesichter von Sonne und Wind ordentlich gegerbt waren, segelten wir zurück zur Knollwood Road – um uns umzuziehen.

Brendan hatte mich zum Essen eingeladen.

Und ich hatte die Einladung angenommen.

31

Im Schrank fand ich genau das Passende für die Gelegenheit: ein schlichtes schwarzes Trägerkleid, das meinen frischen Sommerteint gut zur Geltung brachte. *Das ist kein Date*, redete ich mir ein, während ich ein wenig Make-up auflegte – aber nicht zu viel. *Es ist nur eine Art Wiedersehensfeier. Ein Plausch unter alten Freunden.*

»Wow – was sehen meine müden Augen?«, sagte Brendan, als er mich zu dem … nun ja, zum Essen abholte.

»Und meine erst«, antwortete ich und sah ihn bewundernd an. Er trug gebügelte Jeans, einen blauen Kaschmirpullover und Slipper ohne Socken, und seine Haut war von der Sonne gebräunt.

»Ich sehe wahrscheinlich aus wie einer, der den ganzen Tag nur am Strand rumhängt«, sagte er augenzwinkernd.

»Du siehst fantastisch aus«, erwiderte ich.

»Das machen die Schuhe«, witzelte er.

Wir speisten auf der Hafenterrasse des French Country Inn, zwischen uns eine flackernde Kerzenflamme, unter uns die Wellen des Sees, die an die Pfähle klatschten. Bei geschmorter Jungentenbrust mit Wildreis erzählten wir uns voneinander, und irgendwann kam Brendan auch auf seine Familie zu sprechen. Als er mich nach meinen Eltern fragte, antwortete ich, dass sie beide nicht mehr lebten. »Nur Sam und ich sind noch übrig«, sagte ich.

»Das tut mir Leid, das mit deinen Eltern. Und überhaupt, du hast ja so einiges durchgemacht.«

»Danke, aber ich komme schon klar damit. Jetzt sind wir jedenfalls wieder am See, das ist doch ein Grund zum Feiern.«

Als der Kaffee kam, waren wir schon wieder zu weniger ernsten Themen übergegangen. Wir blödelten und lachten und harmonierten immer noch so wunderbar, dass ich es kaum glauben konnte. Ich hatte damit gerechnet, dass es die eine oder andere peinliche Gesprächspause geben würde, aber dazu kam es so gut wie nie. Und wenn, dann lag es nur daran, dass ich allzu reserviert war.

Und dann war das Essen vorbei, und es war Zeit zu gehen. In diesem Moment wurde mir klar – oder vielleicht gestand ich es mir jetzt endlich ein –, dass ich tatsächlich ein Date hatte. Und zwar das beste seit langem.

32

Es war gewiss nicht so geplant gewesen, aber am Ende hatten Brendan und ich fast den ganzen Tag miteinander verbracht. Und jetzt kam es zu einem etwas peinlichen Moment an der Tür von Sams Haus. Ich stand so dicht vor ihm, dass ich sein Rasierwasser riechen konnte. *Ich muss diesem Unfug jetzt ein Ende bereiten*, sagte ich mir. *In meinem und in seinem Interesse.*

Mir stockte für einen Moment der Atem, als ich daran dachte, was sich aus dieser Situation ergeben könnte. Und dann zog ich innerlich die Handbremse und verbot mir, weiter über etwas zu fantasieren, was mir nur Ärger einbringen könnte. Nichts konnte ich zurzeit weniger gebrauchen. Ich trat einen Schritt von Brendan zurück.

»Tja, ich würde dich ja auf einen Kaffee reinbitten«, sagte ich, »aber ich sollte wirklich mit meiner Kolumne für morgen anfangen.«

»Okay«, erwiderte Brendan. Doch er machte keinerlei Anstalten zu gehen; stattdessen setzte er sich auf die Verandastufen. »Komm mit mir schwimmen, oder lass uns einfach hier draußen sitzen und noch ein bisschen schwatzen. Was immer dir lieber ist. Aber bitte arbeite heute Abend nicht mehr. Du musst nicht arbeiten. Komm schon, Jenny. Sei mal ein bisschen locker.«

Seine letzte Bemerkung machte mich ein wenig betroffen. *Sei mal ein bisschen locker* – mit fast denselben Worten hatte Sam mich in einem ihrer Briefe ermahnt.

»Okay«, antwortete ich. »Aber du darfst mich nicht Jenny nennen. Niemals. Danny hat immer ›Jenny‹ zu mir gesagt.«

»Tut mir Leid. Also, sprich dich aus, Scout. Du hast noch so gut wie gar nicht über ihn gesprochen.«

»Das werde ich irgendwann. Vielleicht. Aber nicht heute Abend«, sagte ich. »Ich werde über Danny reden, wenn ich so weit bin.« Über Danny und über andere Dinge.

Er schien verwirrt – oder beschäftigte ihn irgendetwas?

Ich setzte mich neben ihn auf die Stufen. »Was ist?«, fragte ich.

»Ach, nichts. Ich wollte nur irgendjemandem erzählen, dass ich meinen Job aufgegeben habe«, sagte Brendan schließlich und zupfte an seiner Unterlippe. »Ich habe heute gekündigt.«

Ich zuckte ein wenig zurück. »Du hast deinen Job aufgegeben? Warum? Was ist passiert, Brendan?«

»Nichts Weltbewegendes. Ich hatte es einfach satt, ständig irgendwelche Schatten auf Plastikfolien anzustarren. Ich habe mir gedacht, es wird allmählich Zeit, meine Prioritäten neu zu ordnen.« Und dann sah er mir tief in die Augen. Ich war wie gebannt.

Instinktiv wandte ich den Blick ab. Das Mondlicht schimmerte bleich auf dem See. Grillen zirpten und Frösche quakten im Gebüsch. Ich saß sehr dicht neben ihm. Zu dicht.

»Jetzt muss ich aber wirklich reingehen«, sagte ich. Ich stand auf. »Danke für den schönen Tag. Es hat mir wirklich Spaß gemacht.«

Auch Brendan erhob sich. Er war eine imposante Erscheinung, und er sah wirklich sehr gut aus. Jetzt beugte er sich vor und drückte mir einen Kuss auf die Stirn, was ich sonderbar anrührend fand. Dann ließ er mich sein strahlendstes Lächeln sehen. »Gute Nacht, Jennifer. Mir hat es auch Spaß gemacht.«

Bald darauf lag ich im Bett – in demselben Bett, in dem ich während so vieler Sommer am See geschlafen hatte.

Auf dem Nachttisch stand eine Tasse Grüntee mit Minze. Ich starrte an die Decke, während mir die merkwürdigsten und widersprüchlichsten Gedanken im Kopf herumschwirrten. *Ich habe einen schönen Abend mit Brendan verbracht*, dachte ich. *Und mehr ist da nicht. Und warum nicht? Weil es nun mal so ist, darum.*

Ich nahm mir den nächsten Brief von Sam vor.

33

Jennifer,

in der ersten Zeit passierte nicht viel Erwähnenswertes zwischen Doc und mir. So gut wie kein Körperkontakt, nicht einmal der eine oder andere schmachtende Blick, wenn wir uns in der Stadt begegneten. Es war ziemlich kompliziert. Seine Frau war einige Jahre zuvor gestorben, aber ich war nun einmal verheiratet und hatte Kinder, wenngleich sie damals schon erwachsen waren. Doc hatte noch Kinder, die bei ihm wohnten. Doch es gab einen bemerkenswerten Moment in diesem Sommer, und er wurde zu einem Prüfstein für uns.

Eines Abends – dein Großvater war nach dem Golf mit seinen Kameraden in Medinah bei Chicago essen gegangen (das hatte er mir jedenfalls erzählt) – ließ Doc seine Beziehungen spielen, um uns Zutritt zum Yerkes-Observatorium zu verschaffen. Yerkes besaß das größte Linsenfernrohr der Welt und war damals als rein wissenschaftliches Observatorium für Besucher nicht zugänglich. Abends würden wir dort ganz unter uns sein.

Also stell dir uns beide vor, wie wir auf leisen Sohlen durch die parkartigen Anlagen schleichen. Für kurze Zeit gehen wir Hand in Hand, während wir uns dem Observatorium mit seinen drei riesigen Kuppeln nähern, die sich am sommerlichen Nachthimmel abzeichnen. Dann steigen wir die breite Treppe hinauf und betreten die prächtigsten Marmorhallen, die ich je gesehen habe.

Doc hatte eine Taschenlampe dabei, und wir folgten ihrem Strahl, als wir die Hintertreppe hinaufstiegen. Schließlich kamen wir zu einer Tür, die ins Innere der größten Kuppel führte. Ich war überwältigt von der Weite des Raumes; es war wie in einer gewaltigen Arena. In der Mitte befand sich ein Teleskop, das durch einen Spalt in der Kuppel auf den kobaltblauen Nachthimmel gerichtet war.

»Jetzt pass auf, Samantha. Es ist einfach unglaublich«, sagte er. »Bist du bereit?«

»Ich denke, ja.« Ich war mir nicht ganz sicher.

Er zog an einem Hebel, worauf der Boden, auf dem wir standen – eine Fläche von mindestens zwanzig Metern Durchmesser –, langsam nach oben zu fahren begann. Plötzlich standen wir direkt vor dem fest montierten Okular des Teleskops.

Es war ein Freitag, und ich wusste, dass Charles bald aus Chicago kommen würde, um das Wochenende am See zu verbringen. Dennoch wagten Doc und ich es, über eine Stunde unter der weiten Kuppel zu verweilen. Die

Sterne boten ein fantastisches Schauspiel – als hätte das Universum eine Extravorstellung nur für uns beide inszeniert. Doc erklärte, dass alles, was wir dort am Himmel beobachteten, sich in Wirklichkeit schon vor Hunderten von Jahren ereignet habe. Und dann gestand er, wie lange er sich schon insgeheim gewünscht hatte, einmal mit mir allein zu sein.

»Das habe ich mir auch gewünscht«, gab ich zu. Ich hatte es mir gewünscht, darum gebetet, davon geträumt – beinahe jeden Tag seit jenem Rotkreuz-Wohlfahrtsessen.

Wir küssten uns, über uns die Milliarden von funkelnden Sternen. Und dann küssten wir uns wieder, länger und leidenschaftlicher als das erste Mal. Aber das war alles. Da waren wir nun, zwei Menschen, die sich ineinander verliebt hatten; doch zwischen uns stand meine Ehe, standen unsere Familien – besonders seine Kinder, die noch bei ihm wohnten.

Schließlich fuhr er mich bis zur Ecke der Knollwood Road – und er küsste mich *nicht*, als ich aus seinem Wagen ausstieg, obwohl ich es mir weiß Gott gewünscht hätte. Ich ging ins Haus und fand Charles schlafend im Bett. Ich hatte gehofft, dass ich nicht gezwungen wäre, eine Geschichte zu erfinden, aber ich hätte mir gar keine Sorgen machen müssen.

Ich zog mich leise aus, und als ich unter der Decke lag, sah ich Charles an. Zu meiner Überraschung hatte ich überhaupt kein schlechtes Gewissen wegen meines Abenteuers mit Doc an diesem Abend – doch mir kam ein interessanter Gedanke. Ich fragte mich, ob Charles am nächsten Morgen irgendeine Veränderung an mir bemerken würde. *Würde er mir ansehen, dass ich über Nacht zu einer glücklichen Frau geworden war?*

34

Als das Telefon an meinem Bett klingelte und ich den Hörer abhob, war es gerade mal zwanzig vor sieben – überrascht hörte ich Brendans Stimme: »Wach auf, Jennifer. Der See ruft.«

Ich wusste nicht so recht, was ich da eigentlich tat, aber ich lächelte einfach nur und zog meinen Badeanzug an. Ich hatte das Gefühl, dass ich wieder ein kleines Mädchen war, und es war ein gutes Gefühl. Ein Gefühl von Freiheit.

Ich traf Brendan vor dem Haus seines Onkels, und zusammen trabten wir zum Ufer hinunter. Bald schon wurde aus dem Trab ein gestreckter Galopp, und schließlich sprangen wir mit seinem irren Kriegsgeheul auf den Lippen – das mir plötzlich gar nicht mehr so verrückt vorkam – in den See. Das Wasser war um diese frühe Morgenstunde noch ziemlich kühl, um nicht zu sagen schweinekalt.

»Es ist noch nicht mal sieben«, prustete ich, während ich mit eiskalten, steifen Gliedern neben ihm herpaddelte.

»Die ideale Zeit für ein Bad im See. Ich habe ein neues

Mantra: ›Koste jeden Tag voll aus, vom Morgengrauen bis zu dem Moment, wo dir die Augen zufallen.‹«

Nun gut, gegen eine solche Philosophie war schwerlich etwas einzuwenden, und seine schiere Lebenslust war auch irgendwie ansteckend. Wir schwammen zu Sams Steg hinüber und hievten uns hoch. Brendan schüttelte sich kurz und rollte sich dann auf den Rücken. Ich folgte seinem Beispiel, und dann lagen wir Seite an Seite da und starrten hinauf in den Morgenhimmel. Es war wirklich perfekt, wie er gesagt hatte.

»Ist wie ein Trip in die Vergangenheit«, sagte ich.

»Oder vielleicht in die Zukunft«, murmelte er halblaut.

Ich registrierte bewusst, dass meine rechte Seite von der Schulter bis hinunter zum Knöchel Brendans linke Seite berührte. Der Druck machte meine Haut kribbeln, aber ich bewegte mich nicht.

Als er mir sein Gesicht zuwandte, wich ich seinem Blick aus. Da legte er die Hand auf meine Hüfte und zog mich noch näher an sich heran. Ich war vollkommen unvorbereitet, doch die Hitze, die mich nun durchströmte, hätte fast meinen Badeanzug zum Schmelzen gebracht.

Und dann küsste Brendan mich auf den Mund. Ein richtiger, langer, intensiver Kuss. Irgendwie gefiel mir das.

Und da küsste ich ihn wieder.

Keiner von uns sagte ein Wort, und das war genau richtig so.

35

Vom Morgen des ersten Kusses an verbrachten Brendan und ich mehr und mehr Zeit miteinander. Um ehrlich zu sein, mir war völlig klar, worum es sich hier handelte – um eine ebenso schöne wie flüchtige Sommerromanze. Und ich war mir sicher, dass er ebenso dachte. Wir waren ja noch nicht einmal »intim geworden«, wie man so sagt.

Brendan und ich begrüßten fast immer den Tag mit einem Bad im See. Dann machten wir abwechselnd Frühstück, wobei manchmal auch sein Onkel Shep mit von der Partie war. Und jeden Vormittag besuchten wir Sam; später ging ich dann noch einmal allein zu ihr, meistens gegen sieben. Ich redete immer mit Sam, manchmal stundenlang. Ich erzählte ihr, was sich in meinem Leben so tat, und stellte ihr Fragen zu ihren Briefen.

Eines Tages wartete ich vor Sams Zimmertür, während Dr. Brendan Keller und Dr. Max Weisberg sich drinnen berieten. Als sie herauskamen, war Brendans Miene ernst. Doch er bemerkte meinen Blick und korrigierte rasch seine Gesichtszüge.

Ich gebe zu, dass ich auf bessere Nachrichten gehofft hatte. Vielleicht hatte ich geglaubt, weil ich Sams Briefe las und im Geiste ständig ihre Stimme hörte und sie in aller Deutlichkeit vor mir sah, würde sie, ja *müsste* sie wieder gesund werden. Aber jetzt dachte ich: *Sie wird nicht wieder gesund werden. Ich kann es an Brendans und Max' Augen ablesen. Sie wollen es mir bloß nicht sagen.*

»Sie ist eine starke Frau«, sagte Brendan und legte mir die Hand auf den Arm. »Sie lässt sich nicht so einfach unterkriegen, Jen. Und es gibt vielleicht irgendetwas, das sie hält.«

Als wir das Krankenhaus verließen, versuchte Brendan mich aufzumuntern. Es gefiel mir, dass er so einfühlsam auf meine Bedürfnisse einging, und ich spürte, was für ein guter Arzt er sein musste. Aber warum hatte er dann seinen Job aufgegeben?

»Was hältst du von einer Spritztour?«, fragte er plötzlich. »Ich verspreche dir, du wirst es nicht bereuen.«

Nun ja, es war tatsächlich ein idealer Tag für eine Fahrt ins Blaue. Und so brausten wir los. Aus dem CD-Player tönten die Hits von James Taylor, Aretha Franklin und Ella Fitzgerald, während wir in einem großen Bogen um Chicago herumfuhren und kurz vor Mittag in South Bend, Indiana, ankamen.

Er habe eine ganz besondere Überraschung für mich, sagte Brendan augenzwinkernd. Ein Freund von ihm war Trainer bei den »Fighting Irish«, dem Footballteam der Universität Notre Dame, und wir waren eingeladen, der Mannschaft beim Training zuzuschauen. Im Schneidersitz hockten wir auf dem Rasen, während rund zwei Dutzend hochkarätige Modellathleten ihre Spielzüge durchgingen. Football im Fernsehen hat mich nie sonderlich begeistern können, aber wenn man aus nächster Nähe zuschaut, scheint es ein ganz anderer Sport zu sein. Aus unserer Perspektive wirkte das Tempo geradezu atemberaubend, und das Krachen, wenn Helme und Schulterpolster miteinander kollidierten, war ohrenbetäubend.

Den Blau-Goldenen beim Training zuzuschauen war eine überraschend angenehme Art, den Nachmittag zu verbringen – wahrscheinlich, weil es Brendans Team war. Es war auch schön, die Stadt zu sehen, in der er lebte, obwohl er darauf verzichtete, mir sein altes Haus zu zeigen, oder auch die Wohnung, in die er nach seiner Scheidung gezogen war. »Das ist eine furchtbare Gegend, absolut katastrophal; das wäre mir einfach nur peinlich«, meinte er. Und so fuhren wir zurück nach Lake Geneva, ohne dass ich gesehen hatte, wo er wohnte. Ein bisschen merkwürdig, dachte ich, aber was soll's.

Am Tag nach unserem Notre-Dame-Ausflug hatte *ich* eine Überraschung für Brendan parat. Ich nahm ihn mit ins Yerkes-Observatorium. Ich sah unentwegt Parallelen zwischen uns beiden und Sam und Doc, also war das Observatorium ein absolutes Muss für mich. Wir waren natürlich tagsüber dort, und um die große Kuppel herum drängte sich eine Schar von Besuchern, aber es war und blieb ein magischer Ort.

Die ganze Zeit dachte ich darüber nach, was er für Sam und Doc bedeutet hatte. Und ich fragte mich wieder einmal, wer dieser Doc denn nun eigentlich war. Das nächste Mal, wenn ich mit Sam sprach, würde ich sie dazu bringen, mir ihr Geheimnis zu verraten, das schwor ich mir.

An einem anderen Morgen organisierte ich für Brendan und mich eine Fahrt mit dem Postboot, einer Doppeldecker-Fähre, die das Seeufer abklappert und die Post für die Häuser am Ufer zustellt. Am Nachmittag desselben Tages sahen wir uns in dem kleinen Kino in der Stadt direkt hintereinander zwei alberne Blockbuster an. Und außerdem hatten wir es uns zur Gewohnheit gemacht, am Abend, nachdem ich von meinem Besuch bei Sam zurück war, einen langen Spaziergang am Seeufer entlang zu machen.

Mit Brendan hatte ich tatsächlich das Gefühl, eine ganz altmodische Sommerromanze zu erleben – flüchtig, unwiderstehlich und wahrscheinlich ein wenig naiv, aber das machte nichts, solange unsere Erwartungen die gleichen waren, und das waren sie offenbar. Ich spürte, dass er diese Romanze ebenso brauchte wie ich, und auch, dass er sich zurückhielt und sorgsam darauf achtete, dass die Sache nicht zu ernst wurde.

Ich sprach ihn sogar darauf an, als wir mit Hank Mischuks Fährboot die Post ausfuhren.

Aber Brendan lachte nur. »Ich bin ein offenes Buch, Scout. *Du* bist die rätselhafte Frau.«

Und dann passierte eines Tages etwas äußerst Ungewöhnliches. Ich lieferte meine Kolumne nicht ab! Es war das erste Mal, das ich so etwas getan hatte, oder vielmehr, dass ich *nichts* getan hatte. Ich entschuldigte mich bei Debbie und versprach, dass ich es wieder gutmachen würde, aber innerlich triumphierte ich. Es tat sich etwas in meinem Leben, nicht wahr? Vielleicht hatte ich ja begonnen, jeden Tag voll auszukosten, »vom Morgengrauen bis zu dem Moment, wo mir die Augen zufielen«.

An diesem Morgen erzählte ich Sam im Krankenhaus die ganze Geschichte, und obwohl sie stumm blieb wie eh und je, glaubte ich zu wissen, was sie mir riet. Es war genau das, was Sam selbst an meiner Stelle getan hätte.

36

Am späten Nachmittag dieses Tages saß ich mit Brendan an der Spitze von Sams Steg. Wir ließen die Beine baumeln und tauchten die Zehen ins Wasser.

Es war an der Zeit, ihm einige meiner Geheimnisse zu verraten. Ich wollte es. Ich war bereit.

»Es passierte an der Küste von Oahu.« Ich sprach leise und stockend. »Danny mochte die Lichter und die Hektik der Großstadt, und wenn es nach ihm gegangen wäre, dann hätten wir wohl in Paris oder vielleicht in London Urlaub gemacht. Wir haben uns für Hawaii entschieden, weil *ich* dorthin wollte.«

Ich seufzte, dann atmete ich tief durch. »In letzter Minute bekam ich eine schreckliche Entführungsgeschichte auf den Schreibtisch, also flog Danny schon mal ohne mich hin. Ein paar Tage darauf saß ich auch endlich im Flugzeug und sollte abends eintreffen. Am späten Nachmittag dieses Tages ging Danny noch einmal an den Strand zum Surfen – natürlich allein.«

Brendan beobachtete mich intensiv, während ich mühsam um Worte rang. »Du musst das nicht tun, Jennifer«, sagte er schließlich.

»Doch, das muss ich. Ich muss das tun. Es muss raus, und ich will es auch endlich loswerden, Brendan. Ich will es dir erzählen. Ich will nicht länger die rätselhafte Frau sein.«

Brendan nickte und nahm meine Hand. Irgendetwas war in den letzten zwei Wochen mit uns geschehen; ich hatte gelernt, Brendan zu vertrauen – mehr, als ich es je für möglich gehalten hätte. Er war mein Freund. Nein, er war mehr als das.

»Es war ein wunderschöner Abend am Nordstrand von Oahu; Kahuku hieß der Ort. Ich habe sämtliche Wetterberichte gelesen. Danny zog sein T-Shirt aus und lief in die Brandung. Sie war hoch, aber er war ein athletischer Typ und ein guter Schwimmer. Und er liebte das Risiko und die Herausforderung. Einer seiner Lieblingssprüche war: ›Man muss auch mal was wagen, Jenny!‹ Damit hat er mich immer aufgezogen.«

Ich spürte, wie mir die Tränen über die Wangen rannen. Und ich wollte doch nicht weinen. Nicht vor Brendan. »Er war so ein guter, warmherziger Mensch … und er hatte noch so viel vor –« Jetzt schien meine Stimme endgültig versagen zu wollen. Ich wusste nicht, ob ich das, was ich angefangen hatte, zu Ende bringen konnte. »Ich habe ihn so geliebt … Ich *sehe* jede Minute dieser schrecklichen Ereignisse in Hawaii vor mir. Es ist dieser entsetzliche Albtraum, der mich seither verfolgt. Seit anderthalb Jahren *sehe* ich Danny immer wieder und wieder sterben. Er ruft nach mir. Mit seinem letzten Atem ruft er meinen Namen.«

Ich brach ab, versuchte mich zu fassen. Ich merkte plötzlich, dass ich Brendans Hand ganz fest gedrückt hielt.

»Es war *meine* Schuld, Brendan. Wenn ich wie geplant nach Hawaii geflogen wäre, dann wäre Danny heute noch am Leben.«

Brendan hielt meine Hand. »Es ist gut, es ist alles gut«, flüsterte er mit sanfter, zärtlicher Stimme.

»Das ist noch nicht alles«, sagte ich so leise, dass ich mich selbst kaum hören konnte. »Als ich wieder in Chicago war, konnte ich einfach nicht aufhören zu weinen, ich musste ständig an das denken, was in Hawaii passiert war. Sam kam und wohnte eine Weile bei mir. Sie hat sich so rührend um mich gekümmert, Brendan.«

Ich konnte nicht gleich weiterreden. Aber jetzt war ich schon einmal so weit gekommen ...

»Ich war in meiner Wohnung im Bad, als ich plötzlich diesen stechenden Schmerz spürte, und im nächsten Moment lag ich zusammengekrümmt am Boden. Ich schrie, und Sam kam sofort gelaufen. Sie wusste gleich, dass es eine Fehlgeburt war. Sie hielt mich im Arm und weinte mit mir. Ich habe das Baby verloren. Ich habe unser Baby verloren, Brendan. Ich war schwanger, und ich habe unser kleines Würmchen verloren.«

37

Brendan hielt mich noch lange im Arm, dort auf dem Steg. Und dann wurde es Zeit, dass ich ins Krankenhaus fuhr und Sam Gute Nacht sagte. Um halb neun fuhr ich los. Brendan hatte sich erboten, mitzukommen, aber ich hatte ihm gesagt, das sei nicht nötig. Ich brachte Sam Rosen aus ihrem Garten mit.

»Sam, wach auf. Sieh mal«, sagte ich, »das sind deine Rosen, die musst du dir doch anschauen. Und außerdem muss ich mit dir reden.«

Aber sie zeigte keinerlei Reaktion. Sie konnte mich ja auch nicht hören – oder etwa doch?

Ich stellte die Rosen in eine Keramikvase auf der Fensterbank und rückte sie so lange zurecht, bis sie einfach perfekt aussahen.

Dann drehte ich mich wieder zu Sam um. »Du weißt gar nicht, was dir alles entgeht. Es passiert zurzeit so viel, Sam.«

Sie sah nicht gut aus – blass und ausgezehrt. Ich hatte noch nie so viel Angst gehabt, sie zu verlieren. Jedes Mal, wenn ich Sam sah, fürchtete ich, es könnte das letzte Mal sein.

Ich zog einen Stuhl ganz dicht ans Bett heran. »Ich muss dir ein Geheimnis anvertrauen«, sagte ich. »Es gibt da jemanden am See, den ich sehr mag. Ich gebe mir die größte Mühe, ihn nicht *zu* sehr zu mögen. Aber er ist so nett; er ist klug, aber nicht arrogant; und dann sieht er auch noch zum Anbeißen aus. Ich weiß, was du sagen willst – man findet nie alle drei Eigenschaften in einem Mann vereint.«

Ich gab Sam ein bisschen Zeit, die Neuigkeit zu verarbeiten. »Ich will ihn Brendan nennen. Weil er nämlich so heißt, haha. Ich könnte ihn aber auch *Doc* nennen, denn er ist Arzt.

Weißt du noch, wie ich als kleines Mädchen immer hinter Brendan Keller hergelaufen bin? Tja, und jetzt ist er ein erwachsener Mann. Ich vertraue ihm vollkommen, Sam. Ich habe ihm von Danny erzählt, und von dem Baby. Ich weiß nicht, was er für mich empfindet. Ich meine, er mag mich ganz bestimmt, aber er ist ein bisschen zurückhaltend. Na ja, das sind wir wohl beide. Habe ich dich jetzt verwirrt? Dann geht es dir wie mir.«

Nachdem ich genug auf sie eingeredet hatte, nahm ich Sams Hand und hielt sie in meiner. Ich spielte das Spiel, bei dem man etwas denkt und so tut, als könne der andere diese Gedanken hören.

Du musst Brendan kennen lernen, Sam. Kannst du mir den Gefallen tun? Nur dieses eine Mal.

38

»Weißt du, das ist eigentlich total unwirklich, dieser Sommer, den wir hier am See verleben«, sagte Brendan und lächelte. Es war der Abend des folgenden Tages; wir hatten im Lake Geneva Inn gegessen und fuhren jetzt nach Hause. Es regnete in Strömen; wahre Sturzbäche prasselten vom Himmel. Ich war drauf und dran, Brendan zu sagen, er solle rechts ranfahren und anhalten.

»Das war deine Idee – jeden Moment von Sonnenaufgang bis zu dem Punkt, wo mir die Augen zufallen. Das waren *deine* Worte«, sagte ich.

Wir parkten vor Sams Haus und rannten über den mit Pfützen übersäten Rasen unter das schützende Dach der Veranda. Ich riss die Tür auf.

»Warte hier, ich hole uns Handtücher«, sagte ich und ging voran.

Auf halbem Weg zum Wäscheschrank sah ich plötzlich, wie eine Tischlampe aufflackerte und erlosch. Kurz darauf stieg mir ein brenzliger Geruch in die Nase. O weh – mir schwante nichts Gutes.

Mit der Hüfte schob ich den Sessel von der Wand weg und sah etwas Weißes, Wolliges, Schlaffes in der Ecke liegen.

Es war Euphoria. Und sie rührte sich nicht.

»Brendan, komm schnell her!«, rief ich. Im nächsten Moment stand er neben mir. Er hob die Katze auf und legte sie behutsam in die Mitte des Teppichs. Was ich jetzt sah, drehte mir den Magen um. Um Euphorias Maul herum war das Fell versengt und blutig. Und dann merkte ich, dass sie nicht mehr atmete.

»O Gott, was ist mit ihr passiert?«

»Sieht aus, als hätte sie an einem Elektrokabel geknabbert«, erwiderte Brendan. Er legte zwei Finger ganz oben an die Innenseite ihres linken Hinterbeins.

»Es ist ein Herzstillstand, Jennifer. Das arme Tier hat so gut wie keinen Puls mehr.«

Ich liebte diese Katze. Kurz nach Dannys Tod hatte ich sie vor dem Tierheim gerettet. Euphoria war für mich mehr als nur eine Katze, so sehr war sie mir ans Herz gewachsen. Ich packte Brendans Arm. »Bitte, kannst du denn nichts für sie tun?«

Er holte tief Luft.

»Okay, hör zu. Wenn ich es dir sage, dann drückst du genau *hier*. Fünf Mal.« Brendan drehte Euphoria auf die Seite. Sie rührte sich nicht, gab keinen Laut von sich.

Jetzt klappte er ihren Unterkiefer herunter und beugte sich über sie, um seine Lippen auf ihr Maul zu legen. Dann blies er fünf kleine Atemstöße in ihre Lungen.

»Jetzt«, sagte er zu mir. »Drücken, Jennifer.«

Ich presste die Handfläche auf Euphorias linke Flanke, massierte ihr Herz und betete im Stillen für sie. Dann gab Brendan mir zu verstehen, dass ich aufhören sollte. Mein Herz raste wie verrückt.

Wieder beugte er sich über die Katze und beatmete sie ein zweites Mal. Er war voller Engagement bei der Sache. Zum ersten Mal erlebte ich ihn aus nächster Nähe als Arzt.

Und wurde Zeugin eines kleinen Wunders. Ich *fühlte*, wie Euphoria unter meinen Händen wieder zum Leben erwachte. Sie zuckte ein wenig und hustete. Dann öffnete sie ihre wunderschönen grünen Augen und sah zu mir auf. Ihr Blick war voller Dankbarkeit. Sie konnte wieder selbstständig atmen.

Schließlich rappelte sie sich auf wackligen Beinen auf und machte: »...iau!«

Ich raffte sie mit einem Arm auf und küsste sie. Dann legte ich den anderen Arm um Brendan und küsste ihn auch. Ich drückte ihn so fest an mich, dass Euphoria zwischen uns fast zerquetscht worden wäre. »Du hast meinen Liebling gerettet«, flüsterte ich.

Brendan richtete sich auf und grinste zufrieden. Und dann machte er eine Bemerkung, die ich ziemlich cool fand.

»Wenn das kein Beweis ist, dass ich dich liebe, Jennifer. Ich habe gerade eine Katze per Mund-zu-Mund-Beatmung wiederbelebt.«

Ich starrte ihn entgeistert an – Brendan hatte gerade gesagt, dass er mich *liebte*.

39

In letzter Zeit kam mir immer öfter der Gedanke, dass der Sommer viel zu schnell verging. Es war wieder einmal die »magische Stunde«, wenn wir besonders gerne draußen auf Sams Steg hockten. Brendan und ich saßen Seite an Seite, ließen die Beine baumeln und lehnten uns aneinander. Ich bemerkte, dass er auf den See hinausstarrte und seinen Gedanken nachhing – wo immer sie ihn gerade hinführten.

»Alles okay?«, fragte ich. Ich wusste natürlich, dass alles okay war. Was konnte ihn schon bedrücken?

»Ich ... äh ...«, stammelte er. Und dann sagte er gar nichts mehr.

»Sag bloß, es hat dir die Sprache verschlagen? Ausgerechnet dir! Das glaube ich einfach nicht. Du ... äh ... wie war das noch mal?«, zog ich ihn auf.

Aber diesmal ging er nicht darauf ein. Was war denn das? Wollte Brendan mir jetzt auch ein paar von *seinen* Geheimnissen anvertrauen? Hatte er so viel Vertrauen in mich?

»Ich muss dir etwas sagen, Jennifer«, begann er schließlich.

Ich wandte den Oberkörper zu ihm um, sodass unsere Schultern sich nicht mehr berührten. Jetzt konnte ich sein Gesicht besser sehen. Brendan wich meinem Blick aus.

»Du willst mir doch nicht erzählen, dass du noch verheiratet bist?«, fragte ich und bereute die Bemerkung augenblicklich.

Jetzt sah er mich an. »Ich bin geschieden, Jennifer. Das ist es nicht ... Das Problem ist nur, dass ich vor ein paar Wochen, als wir uns das erste Mal wiedergesehen haben, nie geglaubt hätte, dass so etwas passieren würde. Wer konnte das denn ahnen? Ich wusste ja nicht, dass ich hier jemanden wie dich finden würde.«

»So was aber auch«, sagte ich. »Tut mir echt Leid für dich, Kumpel.«

Aber Brendan lachte nicht. Im Gegenteil, er wirkte beunruhigt. So kannte ich ihn gar nicht. Und dann begriff ich. Er war dabei, sich ernsthaft in mich zu verlieben.

»Aber …«, sagte er.

Ich hatte eine Vorahnung, dass dieses *Aber* mir nicht gefallen würde. Ich war mir so sicher, dass mir mit einem Mal eiskalt wurde.

»Aber *was?*«, fragte ich.

40

Er beantwortete meine Frage nicht gleich, und das mulmige Gefühl in meiner Magengrube verstärkte sich. Was immer hier vorging, es war nichts Gutes. Brendan wollte oder konnte mir nicht in die Augen sehen. So hatte ich ihn noch nie erlebt.

»Brendan, was ist los?«

Er seufzte. »Das wird jetzt verdammt schwer. Na ja, Augen zu und durch, was anderes bleibt mir wohl nicht übrig.«

»Okay«, sagte ich. »Sag mir einfach, was du hast.«

Er hielt mir sein Handgelenk hin. »Habe ich dir die schon mal gezeigt?«

Es war eine Rolex, wirklich ein schönes Stück. Natürlich war sie mir schon aufgefallen, aber er hatte mir nichts über die Uhr erzählt.

»Ziemlich edel für deinen Geschmack«, meinte ich.

»Ist ein Geschenk von einem Freund, der in Indiana mein

Nachbar war«, sagte Brendan. »John Kearney hieß er. John war Professor an der Universität Notre Dame. Total netter Kerl. Vier Kinder, alles Mädchen. Wir sind zusammen zum Football gegangen, haben einmal in der Woche Tennis gespielt. Als er einundfünfzig war, ging er eines Tages wegen eines leichten Hustens zum Arzt und kam mit einem Röntgenbild zurück, das einen großen Schatten auf seiner Lunge zeigte.

Er brachte mir die Aufnahme. Ich ließ John in die Mayo Clinic einweisen, wo ich selbst mein Praktikum absolviert hatte, und besorgte ihm einen Top-Chirurgen, einen Onkologen. Jennifer, sechs Monate später wog John nur noch fünfzig Kilo. Er konnte nichts mehr essen und war ans Bett gefesselt. Er hatte ständig Schmerzen, und es war keine Besserung in Sicht.«

Brendan sah mir in die Augen. Seine tiefe Traurigkeit berührte mich. Ich kannte das Gefühl, war vielleicht selbst noch nicht darüber hinweg.

»Ich wollte John noch zu einer weiteren Bestrahlung überreden, aber das lehnte er kategorisch ab. Er sagte: ›Bitte hör auf damit, Brendan. Ich habe dich sehr gern, und ich weiß, du meinst es nur gut. Aber ich hatte ein schönes Leben. Ich habe vier wunderschöne Töchter. Ich will so nicht länger leben. Bitte, lass mich gehen.‹

Ich bat ihn um Verzeihung und nahm ihn in den Arm, und dann weinten wir beide. Ich wusste, dass John Recht hatte. Was ich getan hatte, konnte ich nicht mehr ungeschehen machen, aber meine Meinung über die aggressiven Methoden, auf die Ärzte oft zurückgreifen, nur weil es diese Methoden nun einmal *gibt*, hatte sich grundlegend geändert.

Als John starb, vermachte er mir seine Uhr«, fuhr Brendan fort. »Für mich bedeutet sie: ›Mach das Beste aus deiner Zeit.‹ Und als ich dann zu Beginn dieses Sommers meine eigenen CT-Aufnahmen sah, beschloss ich, genau das zu tun, was für mich das Beste ist. Es tut mir so Leid, ich kann dir gar nicht sagen, wie sehr. Ich halte nicht viel von Melodramen, zumal wenn ich selbst die Hauptperson bin. Ich habe nicht mehr lange zu leben, Jennifer.«

41

Mag sein, dass mir für einen kurzen Moment die Sinne schwanden. Ich hörte Brendan noch sagen »meine eigenen CT-Aufnahmen«, aber ich bin mir nicht sicher, ob ich das, was danach kam, richtig erfasst habe. Dann – und diesmal hörte ich seine Worte ganz deutlich – sagte er: »Die Ärzte können nichts mehr für mich tun. Glaube mir, ich habe alle Möglichkeiten gründlich geprüft.«

Ich fühlte diesen ungeheuren Schmerz tief in meiner Brust – vielleicht dort, wo *früher* mein Herz gewesen war. Mir war schwindlig und übel, und ich konnte nicht recht glauben, was ich gerade gehört hatte. Alles um mich herum schien plötzlich verschwommen und unwirklich. Der Steg, das Wasser, in das ich die Füße getaucht hatte, mein eigener Körper, Brendans Hand, die auf meiner lag. Plötzlich schlang ich die Arme um ihn und drückte ihn an mich, so fest ich nur konnte. Ich küsste ihn auf die Wange, auf die Schläfe. Ich fühlte mich so unendlich traurig und leer.

»Sag mir, was dir fehlt«, forderte ich ihn schließlich auf.

»Es nennt sich *Glioblastoma multiforme*, Jennifer. Ein beeindruckender Name für eine sehr bösartige Krebsgeschwulst, die ich genau *hier* habe.« Er legte den Finger auf eine Stelle an seinem Hinterkopf, ein Stück hinter dem linken Ohr. Brendan erklärte mir, dass er seinen Fall von allen Seiten untersucht und alle möglichen Experten konsultiert hatte, darunter auch einen Spezialisten aus London. Doch er war immer wieder zu demselben traurigen Ergebnis gekommen.

»Die einzige Behandlungsmöglichkeit für diese Art von Krebs ist noch kaum erprobt und extrem radikal«, sagte er. »Eine Operation ist irrsinnig schwierig und gefährlich. Das Risiko einer Lähmung ist enorm hoch. Und dann erwischen sie wahrscheinlich sowieso nicht alle Krebszellen. In den meisten Fällen kehrt der Krebs wieder, trotz Bestrahlung und Chemotherapie.«

Die Tränen strömten mir über die Wangen, und ich fühlte mich entsetzlich leer. »Das ist nicht wahr«, flüsterte ich.

»Ich wusste nicht, wie ich es dir sagen sollte, Jennifer. Ich weiß es immer noch nicht.« Er zog mich an seine Brust, und ich ließ mich einfach nur von ihm halten. Als er wieder sprach, war seine Stimme leise und ruhig. »Es tut mir so Leid, Jennifer.« *Er* tröstete *mich*. »Es tut mir so Leid.«

»O Brendan«, flüsterte ich. »Wie kann das sein?«

»Die Zeit, die ich noch habe, genießen – mehr wollte ich gar nicht«, sagte er so leise, dass ich ihn kaum verstehen konnte. »Deshalb habe ich beschlossen, einen letzten Sommer hier am See zu verbringen. Und dann bist du mir wieder über den Weg gelaufen, Scout.«

42

Brendan und ich hatten immer noch nicht miteinander geschlafen, und jetzt war mir plötzlich klar, wieso. Es gehörte zu den wenigen Dingen, die ich in diesem Moment verstand.

»Ich will heute Nacht nicht allein sein«, sagte ich, mein Gesicht an seine Wange gepresst. »Ist das okay?«

Da ließ Brendan mich sein strahlendes Lächeln sehen. »Ich wollte schon die letzten vierunddreißig Nächte nicht allein sein.«

»Du hast sie gezählt?«

»Ja«, antwortete er.

Ich nahm Brendans Hand und küsste sie. »Damit kannst du jetzt aufhören.«

Es kam mir vor, als wären wir vom Bootssteg ins Haus gelangt, ohne ein einziges Mal den Boden zu berühren. Plötzlich standen wir eng umschlungen auf der Türschwelle. Wir küssten uns lange, und endlich gestand ich mir selbst ein, dass ich Brendans Küsse einfach liebte. Hastig streiften wir unsere Kleider ab und ließen uns auf das Bett in meinem Zimmer fallen.

»Scheint, als hätte ich mit meiner rührseligen Geschichte Erfolg gehabt«, scherzte er.

»Schsch – keine Witze jetzt.«

Aber er konnte es nicht lassen. »Scout? Bist du das?«, fragte er, und wir fingen wieder an zu lachen. Und ich genoss es – ich fand es wunderbar, dass er mich so zum Lachen bringen konnte.

Ich strich mit der Hand durch Brendans dichtes Haar und küsste ihn wieder und wieder. Es war wunderbar, seine Haut an meiner zu spüren. Ich liebte seinen Geruch. Ich berührte die zarten Löckchen auf seiner Brust, und dann ließ ich meine Hände über seinen ganzen Körper gleiten, von Kopf bis Fuß. Ich nahm ihn mit allen Sinnen wahr, machte mich mit jedem Zoll seiner Haut vertraut. Ich wollte Brendan verschlingen, und ich tat es auf jede mögliche Art und Weise. Ich konnte meine Gefühle nicht mehr leugnen, und ich wollte es auch nicht.

Brendan küsste zärtlich meine Brüste, meinen Hals, meinen Mund, meine Augenlider, und dann fing er noch einmal von vorne an. Ich war rettungslos verloren. Er war so sanft und so gut. Er murmelte meinen Namen, während seine Hände meinen Körper erforschten. Seine Berührung war so erregend, dass ich eine Gänsehaut bekam.

»Du bist so schön, wenn du nichts anhast, noch viel schöner, als ich gedacht hatte«, sagte er. Es tat so gut, das zu hören; es war genau das, was ich brauchte. Ich glaube nicht, dass ihm klar war, wie sehr ich mich danach gesehnt hatte. Seit mehr als anderthalb Jahren hatte ich nicht mehr mit einem Mann geschlafen.

»Du auch«, sagte ich.

»Ich bin schön?«

»Ja, das bist du.«

Wir legten alle Zurückhaltung ab; von der Nervosität beim ersten Mal war kaum etwas zu spüren. Es war, als sei dies alles von Anfang an vorherbestimmt gewesen. Und vielleicht war es tatsächlich so. Nach einer Weile lagen wir uns erschöpft in den Armen und flüsterten einander zärtliche Worte ins Ohr. Ich konnte den Blick nicht von Brendans unglaublichen Augen wenden.

Meine Angst war ganz und gar verflogen, meine Unsicherheit, meine Zweifel waren wie weggeblasen. Schließlich rollten wir uns auf die Seite und schmiegten uns so fest aneinander, dass kein Blatt mehr zwischen uns gepasst hätte. Eng umschlungen schliefen wir ein.

Als ich aufwachte, lag ich immer noch in Brendans Armen. Ich musste zugeben, dass ich mich dort ausgesprochen wohl fühlte.

»Scout?«, flüsterte er, und ich boxte ihn in den Oberarm.

»Siehst du, du bist immer noch der alte Rabauke.«

»Wie kannst du das sagen, nach dieser Nacht?«

»Also gut. Eine *Rabaukin*. Definitiv ein Mädchen. Nein, du bist eine wunderschöne Frau, Jennifer. Du machst mich so glücklich.«

Ich drückte ihn ganz fest an mich, und genau in diesem Moment fiel der erste Sonnenstrahl des Tages durch einen Schlitz im Vorhang ins Zimmer.

Wie aufs Stichwort weiteten sich Brendans Augen, und dieses verblüffende Lächeln war wieder da.

»Auf geht's!«, rief er.

Wie konnte ich da Nein sagen?

Splitternackt rannten wir aus dem Haus, wie kleine Kinder. Eine Schar Enten flatterte aufgeschreckt durch den Nebel davon, der vom See aufstieg, als wir zum Steg hinunterstürmten. Die alten Planken polterten dumpf unter unseren nackten Füßen.

Wild kreischend sprangen wir kopfüber in den kristallklaren See.

Als ob alles in Ordnung wäre mit der Welt, als ob die schreckliche Wirklichkeit einfach nicht existierte.

43

Als ich Sam an diesem Morgen besuchte, musste ich ihr unbedingt alles erzählen. Früher hätte Sam gesagt: »Du redest dir noch einen Knoten in die Zunge, Jennifer. Schalt mal einen Gang zurück.« Aber ich konnte nicht zurückschalten; dazu war keine Zeit. Und dennoch, am Ende hatten wir – oder vielmehr ich – über eine Stunde geredet.

»Sam, ich habe keine Schuldgefühle mehr, und ich habe keine große Lust, zu analysieren, woran das liegt. Vielleicht hat es damit zu tun, dass Brendan so krank ist. Ich muss einfach versuchen, etwas für ihn zu tun. Was denkst du, Großmutter? Ich brauche deine Hilfe. Du hast dich jetzt lange genug ausgeruht.« Aber Sam hatte keinen Rat für mich. Es war so furchtbar traurig und frustrierend. Mein ganzes Leben lang war sie immer für mich da gewesen.

Am späteren Vormittag war ich mit Max Weisberg verabredet. Ich musste eine zweite ärztliche Meinung einholen, und zwar nicht über Sam. Ich wollte mit Max über Brendan sprechen.

Ich folgte dem köstlichen Aroma von verbrannten Makkaroni und Kaffee in die Cafeteria des Krankenhauses, einen Raum mit Kantinenatmosphäre, Resopaltischen und einer tollen Aussicht auf den Parkplatz. Nachdem ich mir einen Pappbecher voll Kaffee mit Zucker geholt hatte, wandte ich mich um und sah Max an einem Tisch in der Nähe des Fensters sitzen.

In den vergangenen Wochen war ich Max so oft begegnet, dass ich meinen übertriebenen Respekt vor ihm so ziemlich abgelegt hatte. Eigentlich sah er ganz schön jung aus, wie er mir da mit seinem blonden Bürstenschnitt und seiner OP-Kluft gegenübersaß und sich an Roggentoast und schwarzem Kaffee gütlich tat.

»Mmh, lecker«, sagte ich.

»Nur kein Futterneid. Und, was hast du auf dem Herzen?«

Ich gab ihm eine Zusammenfassung dessen, was Brendan mir am Abend zuvor erzählt hatte: dass er einen bösartigen Gehirntumor hatte, mit einer sehr schlechten Prognose, und dass er sich entschieden hatte, es sich einen Sommer lang noch einmal richtig gut gehen zu lassen, anstatt sich irgendwelchen radikalen Therapien zu unterwerfen.

Als ich geendet hatte, fragte Max nur: »Wann wirst du mit dem Rauchen aufhören?«

»Max, bitte lass das. Übrigens hatte ich schon so gut wie aufgehört. Bis gestern.«

»Ich meine es ernst.« Er seufzte. »Hör zu, ich will dich nicht anlügen. GMB ist wirklich übel. Da hat Brendan vollkommen Recht. Operieren ist tatsächlich höchst riskant; die Therapie versagt genauso oft, wie sie anschlägt. Brendan weiß das alles.«

»Max, kann man irgendetwas tun? Gibt es irgendeine Chance, dass er das Ganze überlebt, ohne dass seine Lebensqualität allzu sehr beeinträchtigt wird?«

»*Wenn* er die experimentelle OP überleben sollte und auch die Behandlung, dann hätte er eine dreißigprozentige Chance, noch zwei bis fünf Jahre zu leben. Aber, Jennifer, er könnte nach der OP auch vollständig gelähmt sein. Dann könnte Brendan zwar noch denken, aber nicht mehr sprechen, und er wäre vollkommen hilflos. Ob du es glaubst oder nicht, ich untertreibe eher noch, was das Risiko betrifft.«

Ich wollte vor Max nicht anfangen zu heulen. Er mochte ein guter Arzt sein, aber manchmal war er so einfühlsam wie ein Holzklotz.

»Ich weiß nicht, was ich machen soll«, sagte ich. »Ich

fürchte, ich drehe gerade ein bisschen durch. Merkst du es schon?«

»Sorry«, meinte Max. »Mein Spezialgebiet ist die Neurologie.«

Ich starrte ihn entgeistert an. Die Tränen liefen mir über die Wangen, und zu meiner großen Überraschung schien er seine kaltschnäuzige Art schlagartig abzulegen.

»Tut mir Leid«, sagte er. »Das war ziemlich übel. Selbst für meine Verhältnisse.«

Er stützte die Ellenbogen auf den Tisch und den Kopf in die Hände. »Ich will versuchen, es anders zu formulieren, Jen. Mir scheint, Brendan hat sich dazu entschieden, das Beste aus der Zeit zu machen, die ihm noch bleibt. Er hat beschlossen, einen wunderbaren Sommer mit dir zu verleben. Er kann sich glücklich schätzen, diese Zeit mit dir verbringen zu dürfen, und ich bin mir ganz sicher, dass er das auch weiß. Mit anderen Worten, ich denke, er hat eine sehr kluge Entscheidung getroffen. Es tut mir wirklich Leid.« Und dann nahm Max doch tatsächlich meine Hände in seine. »Du hast das nicht verdient, Jennifer. Und Brendan auch nicht.«

44

Während ich zu Sams Haus zurückfuhr, grübelte ich unentwegt über das nach, was Max Weisberg mir gesagt hatte. Ich parkte den Wagen unter der Eiche, streifte die Schuhe ab und ging hinüber zu Sheps Bootssteg. Brendan schwamm draußen im See. Er sah so vital aus – kerngesund und ganz bestimmt nicht wie ein Sterbender. Mein Magen begann sich zu verkrampfen.

Er sah mich und winkte. Dann rief er: »Komm ins Wasser, es ist einfach toll. Du siehst übrigens auch toll aus.«

»Nein, komm du raus«, erwiderte ich und klopfte mit der flachen Hand auf die Planken neben mir. »Setz dich zu mir; ich halte dir einen Platz frei. Hier auf dem Steg ist es noch toller!«

Brendan schwamm auf mich zu und schwang sich mit einer einzigen fließenden Bewegung aus dem Wasser. Dann legte er den Arm um mich, und wir küssten uns.

»Nicht jetzt«, sagte er schließlich.

»Wie meinst du das – ›nicht jetzt‹?«

»Lass uns jetzt nicht darüber reden, Jen«, antwortete er. Er sah mich an und musste die Augen zusammenkneifen, da die Sonne ihn blendete. »Damit würden wir uns nur diesen wunderschönen Tag verderben. Wir haben noch reichlich Zeit, uns mit dem ganzen ernsten Kram zu beschäftigen.«

Na schön. Ich machte uns also ein kleines Mittagessen, das ich auf Sams geräumiger Veranda servierte: Hühnersalat mit weißen Trauben auf Achtkornbrot, dazu Pommes frites und Eistee. Unter uns glitzerte das Sonnenlicht auf dem See, und der Duft von Sams Rosen erfüllte die Luft. Henry arbeitete wieder einmal im Garten; er schien nie Pause zu machen.

Es war tatsächlich ein perfekter Tag – oder? Der richtige Mann, die richtige Frau – nur das Timing war falsch. Während des Essens musste ich mich ständig beherrschen, um nicht heulend zusammenzubrechen. Ich tat mein Bestes, mir nichts anmerken zu lassen. Brendan mochte sich an den Gedanken gewöhnt haben, dass er bald sterben würde, aber ich war noch längst nicht so weit.

Brendan hatte am Morgen damit begonnen, Sheps Sonnenterrasse zu imprägnieren, und da er erst die Hälfte geschafft hatte, machte er sich nach dem Mittagessen gleich wieder an die Arbeit. Als ich den Tisch abräumte, fand ich unter meinem Teller einen kleinen Zettel. Ich entfaltete ihn und las:

Jennifer,

Du bist hiermit in aller Form eingeladen zu einem Dinner im Gästehaus.

Zeit: 19.00 Uhr (ungefähr).

Garderobe: Komm so schön, wie du bist.

Brendan

45

Ein Chor von Fröschen und Grillen begleitete mich, als ich in der Abenddämmerung über den Rasen zum Uferweg hinunterging und mich nach Westen wandte. Es war wirklich ein traumhafter Abend; der Himmel war wolkenlos, und es wehte eine angenehm kühle Brise. Ich trug eine schwarze Hose, ein rückenfreies Oberteil und darüber eine schwarze Weste; meine Sandalen hatte ich in der Hand. Ich wollte gut aussehen für Brendan, und ich dachte, dass mir das einigermaßen gelungen war. Ich bin keine Schönheitskönigin, aber wenn ich mich ein bisschen zurechtmache, brauche ich mich nicht zu verstecken.

Das kleine Gästehaus lag auf einer Lichtung nicht weit vom Seeufer und war mit einer Sandsteinterrasse ausgestattet. Als ich dort ankam, sah ich schon die Steaks in der Marinade liegen. Eine Flasche Rotwein stand bereit, und Brendan stocherte in den Kohlen auf dem Grill herum. Die Funken stoben in den Abendhimmel auf.

Er küsste mich – und das machte er wirklich gut. Ich spürte seine Küsse noch lange danach auf meinen Lippen. »Es gibt was zu feiern«, sagte er, als er mir ein Glas Wein in die Hand drückte. »Ich habe heute Geburtstag.«

»Oh, Brendan! Mensch, wieso hast du mir denn nichts gesagt?« Ich spürte, wie ich ganz leicht errötete, und es war mir richtig peinlich.

»Ich wollte nicht so viel Aufhebens darum machen«, sagte er und zuckte mit den Achseln. »Ist sowieso kein runder Geburtstag. Sind jedenfalls keine Nullen drin.«

Ich rechnete schnell nach. Er war einundvierzig. *Erst einundvierzig*. Ich stieß mit ihm an und sagte: »Alles, alles Gute zum Geburtstag!« Das ganze Gerede von wegen *hätte-könnte-wäre* ersparte ich mir und ihm.

»Ich bin so froh, dass du hier bist«, sagte er. »Das ist für mich das schönste Geburtstagsgeschenk.«

Die Glühwürmchen malten elegant geschwungene Neonbuchstaben in die Nachtluft, während ich den Salat anmachte und Brendan die Steaks auf den Grill legte. Im Gästehaus gab es auch einen CD-Player, und bald schon hörten wir Eva Cassidy mit ihrer unnachahmlichen Stimme vom »Brand New Tennessee Waltz« singen. Brendan forderte mich zum Tanzen auf. Ich nahm seine Hand, und sofort spürte ich, wie mir das Blut in den Kopf schoss. Er schloss mich in die Arme, und barfuß glitten wir über das Gras. Ich war so glücklich – ich hätte diese Lichtung nicht gegen den prächtigsten Ballsaal tauschen mögen. Auf Brendans individuell zusammengestellter CD wurde Eva Cassidy von Sting abgelöst.

Er war ein guter Tänzer, und selbst barfuß auf Gras waren seine Bewegungen von traumwandlerischer Sicherheit. Er konnte führen und sich führen lassen, und er war so leichtfüßig, dass ich das Gefühl hatte, mit ihm zu verschmelzen. Wange an Wange schwebten wir über den Rasen. Es war so schön – einfach wunderbar. Wir waren ein Traumpaar.

»Die Steaks verbrennen noch«, flüsterte ich, als Toni Braxton »Unbreak My Heart« anstimmte.

»Macht nichts«, sagte Brendan.

»Du bist ein unglaublicher Märchenprinz, weißt du das? Gut aussehend, humorvoll – und erstaunlich sensibel für einen Footballfan.«

Er lächelte mich an. »Was für ein nettes Geburtstagskompliment.«

»Nach dem Essen«, sagte ich, »habe ich eine ganz tolles Geschenk für dich. Ich habe den ganzen Nachmittag darüber nachgedacht.«

»Also musst du doch gewusst haben, dass ich Geburtstag habe.«

»Ich improvisiere«, erwiderte ich lächelnd.

Und so setzten wir uns zuerst einmal hin und aßen unsere Steaks, und dazu tranken wir einen köstlichen Wein aus Washington State. *Zwei* Flaschen. Wir tanzten zu Jill Scott und Sade, und dann … nun ja, es war immerhin sein Geburtstag.

Das Gästehaus war voll eingerichtet – die Möbel waren mit Chintz bezogen, und es gab auch ein großes Bett mit Seeblick. Dort liebten wir uns, »bis uns die Augen zufielen«. Er war tatsächlich ein unglaublicher Märchenprinz, in jeder Beziehung. Auch an seinem Geburtstag.

Ach ja, und kurz bevor wir schließlich einschliefen, sang ich ihm noch ins Ohr: *»Happy birthday, lieber Brendan, happy birthday to you.«* Ich legte mein ganzes Herz in die Worte, und er stimmte aus vollem Herzen ein.

46

Als ich aufwachte, war das Erste, was ich registrierte, dass ich von dem vielen Wein einen leichten Brummschädel hatte. Und dann stellte ich zu meinem Schrecken fest, dass ich allein im Bett des Gästehauses lag. Nach dem Stand der Sonne zu urteilen, war der Morgen auch nicht mehr so taufrisch. Ich begann meine Kleider zusammenzuraffen und entdeckte zu meiner Erleichterung einen Zettel, der auf meinen Sandalen lag.

Liebe Jen,
ich hatte doch Recht – du bist die Beste. Ich habe heute einen Termin in Chicago – ist nicht weiter wichtig. Sehen wir uns heute Abend? Ich hoffe es sehr. Ich kann es kaum erwarten, dich wieder in die Arme zu schließen. Du fehlst mir jetzt schon. Hoffe, dir geht's ähnlich.
Tausend Küsse
Brendan

Ich hielt den Zettel an meine Brust gepresst, als ich in den dunklen Klamotten vom Vortag quer über drei Grundstücke zurückeilte. Auf Sams Veranda wurde ich von Euphoria und Sox begrüßt, die um meine Knöchel herumscharwenzelten und sich beschwerten, dass ihr Frühstück noch nicht fertig war.

Während ich eine Entschuldigung murmelte, sah ich

einen roten Laster vorfahren und unter der Eiche parken. Sams Gärtner Henry sprang aus dem Führerhaus. Ich sah sofort, dass er sehr erregt war. Was hatte das zu bedeuten?

»Jennifer«, rief er mir zu, »wo steckst du denn? Wir haben dich schon überall gesucht.«

Im gleichen Moment hörte ich das Telefon im Haus klingeln. *Hoffentlich ist es nicht wegen Sam*, dachte ich.

»Sekunde, Henry!«, rief ich. »Das Telefon.«

Ich riss die Hintertür auf und hätte fast den Hörer des Wandtelefons fallen lassen, als ich ihn mir mit fahrigen Bewegungen ans Ohr presste. Ich erkannte sofort die Stimme des Anrufers – es war Max, doch er klang ganz anders als sonst –, ungewöhnlich angespannt und nervös.

»Sam ist aufgewacht«, sagte er. »Setz dich ins Auto und komm her.«

47

Auf dem Highway 50 gab ich dem Jaguar die Sporen, trat kurz auf die Bremse, um nach rechts auf die 67 abzubiegen, und brauste weiter. Meine Gedanken kreisten nur um Sam, und so bemerkte ich gar nicht, dass Henry mir gefolgt war, bis sein Pick-up auf dem Krankenhausparkplatz plötzlich neben mir auftauchte und Henry das Fenster herunterdrehte. »Sie ist –«

»'tschuldigung, ich hab dich nicht verstanden, Henry!«, rief ich ihm zu. »Was hast du gesagt?«

»Sam ist nicht mehr auf der Intensivstation. Sie liegt jetzt im ersten Stock, Zimmer 21B.«

»Danke!«, rief ich. Dann kam mir ein Gedanke – *Konnte es sein, dass Henry Doc war?* Er hatte zwei Kinder allein großgezogen. Vielleicht hatte er sogar einen Doktortitel. Ich glaubte mich an etwas in der Art zu erinnern.

Doch jetzt war ich zuerst einmal vollauf damit beschäftigt, zum Eingang zu rennen und mir mit höflichen Worten und Ellenbogen einen Weg durch das Gedränge in der Halle zu bahnen. Dann sprintete ich die Treppe hoch, immer zwei Stufen auf einmal. Ich fand Sams neues Zimmer am Ende eines Flurs mit blank gebohnertem Linoleumboden und stieß die Schwingtür auf, die muntere Begrüßung schon auf den Lippen: »Wurde aber auch Zeit – du hast uns ja lange genug auf die Folter gespannt!« Doch die Worte blieben mir im Hals stecken.

Es gab mir einen Stich ins Herz, als ich Sam vollkommen regungslos in ihrem Bett liegen sah. Sie hatte die Augen fest geschlossen. Max beugte sich über sie, um Puls und Blutdruck zu messen. *O Gott, ich war zu spät gekommen!*

»Was ist passiert?«, fragte ich. »Ich bin gekommen, so schnell ich konnte.«

Max drehte sich um und sah mich in der Tür stehen. »Lass uns draußen reden«, sagte er. »Komm mit.«

»Sie ist wieder ins Koma gefallen, nicht wahr?«

Max hob die Hand, um mir zu bedeuten, dass ich nicht

näher kommen sollte. »Nein, Jennifer. Sie ist aus dem Koma erwacht. Aber das ist jetzt eine gute Gelegenheit, dir ein paar Dinge zu erklären.«

Wir gingen wieder in sein Büro, einen quadratischen Raum mit Mobiliar von der Stange, dessen beige gestrichene Wände mit Notizzetteln übersät waren.

Wie schon vor zwei Wochen ließ Max mich auf seinem Drehstuhl Platz nehmen und setzte sich dann mir gegenüber auf die Schreibtischkante.

»Sie schläft einfach nur«, sagte er schließlich. »Vorhin war sie eine Zeit lang wach. Wir haben versucht, dich zu benachrichtigen, aber du bist nicht ans Telefon gegangen.«

»Aber sie ist nicht mehr komatös?«, fragte ich.

»Ein Koma ist kein friedlicher und entspannter Zustand«, fuhr Max fort, als hätte er meine Frage nicht gehört. »Die Leute sind zwar nicht bei Bewusstsein, aber sie können sich trotzdem den Kopf darüber zerbrechen, wer den Hund füttert und die Blumen gießt oder ob sie das Licht haben brennen lassen. Darum ist es gut, sie in diesen Punkten zu beruhigen – und deshalb haben wir auch Sams geplante Verlegung ins St. Luke's Hospital in Milwaukee verhindert. Wir wollten, dass sie Menschen um sich hat, die ihr nahe stehen und die mit ihr sprechen – ganz besonders dich.«

»Ihre geplante Verlegung? Das ist ja das Erste, was ich höre.«

»Ich weiß. Aber« – Max machte eine wegwerfende Handbewegung – »es war auch nicht nötig, dich damit zu behelligen. Hier gibt es eine Menge Leute, denen Sam sehr viel bedeutet.«

Während ich noch an dieser Neuigkeit knabberte, erklärte Max mir, dass sein Vater im Verwaltungsrat des Krankenhauses sitze. Gemeinsam hätten sie ihre Beziehungen spielen lassen, damit Sam in Lake Geneva bleiben konnte. Lakeland Medical, erklärte er, sei im Grunde zu klein, um seinen Patienten Langzeitpflege bieten zu können. »Sam ist zwar nicht mehr im Koma, aber ein solches Trauma kann bleibende körperliche oder psychische Schäden zur Folge haben.«

»Und ist das bei ihr der Fall?«, fragte ich. »Komm schon, Max, lass mich nicht so im Dunkeln tappen.«

»Sie spricht schon wieder, aber es ist manchmal etwas zusammenhanglos. Sie ist ziemlich schwach, und wir werden sie noch eine Weile hier behalten müssen. Was sie dann braucht, ist viel Geduld und gute Pflege.«

Max starrte mich an – aber wieso? Dann ging mir plötzlich ein Licht auf, und ich sah, was *er* sah. Verlaufene Wimperntusche unter meinen Augen, vom Schlaf platt gedrückte Haare – und obendrein lief ich an einem Werktag um zehn Uhr morgens noch in den zerknitterten Klamotten vom Vortag herum.

Ich versuchte dennoch meine Würde zu wahren. »Ich möchte jetzt zu Sam«, sagte ich. »Ist das okay?«

»Natürlich. Ich wollte dich bloß vorbereiten.«

Max ging mit mir zu Sams Zimmer zurück und ließ mich dann mit ihr allein. Ich trat an ihr Bett und berührte behutsam ihren Arm. Plötzlich schlug Sam die Augen auf, und ich fuhr unwillkürlich zurück. Doch ihre Augen blitzten, als sie mich von Kopf bis Fuß musterte.

»Jennifer«, sagte sie, und dann lächelte sie. »Mein Mädchen ist da.«

48

Ich brach in Tränen aus und schlang die Arme um Sams Hals. Es war so unglaublich, die Berührung ihrer Hände zu spüren, ihre Stimme wieder zu hören – ich konnte es einfach nicht fassen. Ich hatte die Hoffnung fast schon aufgegeben, je wieder mit ihr sprechen zu können.

Sie tätschelte mir zärtlich den Rücken, wie sie es immer getan hatte, seit ich zwei Jahre alt war. Ich liebte Sam so sehr, dass der Gedanke, ich könnte sie verlieren, mich mit lähmender Angst erfüllte. Ich hatte mir so gewünscht, ihr wieder in die Augen sehen, mit ihr sprechen zu können – und jetzt geschah es wirklich.

Ich schüttelte Sams Kopfkissen auf und setzte mich auf die Bettkante. »Wo bist du so lange gewesen?«, flüsterte ich.

»Ich war die ganze Zeit hier. Das haben sie mir jedenfalls gesagt.«

»Erzähl schon«, sagte ich. Das war eine stehende Redewendung zwischen uns. *Erzähl schon*, mit wem du dich in Chicago triffst. *Erzähl schon*, was gibt's Neues am See?

»Tja, es war … irgendwie komisch«, sagte sie und verzog den Mund. »Ich wusste nicht, wo ich war … aber ich konnte alles *hören*, Laura.«

Hoppla. Laura war der Name meiner Mutter.

Sam fuhr fort, ohne ihren Irrtum zu bemerken. »Dieser verdammte *Elefant* da hat mich fast in den Wahnsinn getrieben. Aber wenn die Schwestern reingekommen sind, haben sie immer über den Chefkoch geschimpft. Das fand ich lustig!«

Ich versuchte so gut es ging zu übersetzen. Der »Elefant« musste das Beatmungsgerät sein. Aber *über den Chefkoch geschimpft?* Was konnte sie nur damit gemeint haben?

»Sagte ich *Chefkoch*? Ich meine natürlich …«

»Den Chefarzt?«, riet ich.

»Genau. Ich wusste, du wirst mich verstehen. Ich habe versucht, mit dir zu reden, Jennifer. Ich konnte dich hören, aber meine Stimme –« Sie deutete mehrmals stumm auf ihren Mund. »Es kam einfach nichts raus.«

Ich nickte nur, denn auch ich hatte das Gefühl, dass meine Stimme in meinem Hals gefangen war. Und dann umarmten wir uns wieder. Wenn einem sonst nichts mehr einfällt, ist das immer eine gute Idee. Ich hätte ihre Rippen unter dem Nachthemd zählen können; ihre Hände zitterten, ihre Stimme bebte – aber das war nicht weiter schlimm. Sam lebte. Sie redete wieder mit mir. Das war es, das ich mir gewünscht, wofür ich gebetet hatte.

Sam wollte, dass ich für eine Weile das Reden übernahm, und ich tat ihr den Gefallen. Am Ende hatte ich ihr viel mehr über Brendan und mich erzählt, als ich eigentlich vorgehabt hatte. Sam hörte zu, sagte aber nicht viel. Ich fragte mich, ob sie mir überhaupt folgen konnte.

Dann sah Sam mich mit ihren strahlend blauen Augen an und sagte etwas, was mir beinahe das Herz gebrochen hätte. Sie sagte: »Ich möchte nach Hause, bevor ich sterbe.«

49

Meine Erleichterung über die Tatsache, dass Sam aufgewacht war und ich mit ihr hatte sprechen können, erhielt bei dieser Bemerkung einen Dämpfer; und sie schwand noch weiter, als ich am Nachmittag in die Knollwood Road zurückfuhr. Ich musste ihre Bekannten anrufen, aber inzwischen machte ich mir wieder Sorgen um Brendan. Was hatte er eigentlich in Chicago verloren? War sein Tumor schlimmer geworden? Warum war er ausgerechnet jetzt weggefahren? Und dabei konnte ich es doch kaum erwarten, ihm die Neuigkeiten von Sam zu erzählen.

Es gefiel mir nicht, von Brendan getrennt zu sein, das wurde mir an diesem Nachmittag klar. Es gefiel mir ganz und gar nicht – und das war ein schlechtes Zeichen.

Am Ende der Auffahrt angelangt, warf ich das Steuer des Jaguars herum und parkte unter der Eiche vor dem Haus. In den letzten Minuten hatten sich meine Sorgen und Befürchtungen zu einer handfesten Migräne ausgewachsen. Der Schmerz saß genau hinter meinem linken Auge.

Sobald ich im Haus war, nahm ich zwei Aspirin. Dann ging ich zu Sheps Haus, um zu sehen, ob Brendan inzwischen zurück war. Doch es war alles dunkel. Niemand war zu Hause. *Brendan muss noch in Chicago sein. Verdammt. Wo bist du?* Ich vermisste ihn wirklich. Und ich machte mir Sorgen um ihn. Diese diffusen, allgegenwärtigen, neurotischen Großstadtbewohner-Sorgen.

Betreten schlich ich zu Sams Haus zurück. Ich wusste nicht, was ich mit mir anfangen sollte. Aber dann hatte ich eine Idee. Ich nahm einen Stapel von Sams Briefen und ging damit auf die Veranda. Mehr als je zuvor drängte es mich, ihre Geschichten zu hören.

Was war aus ihr und Doc geworden? Wer war er? Würde sie mir je die ganze Wahrheit verraten? War John Farley vielleicht Doc? Oder war es Henry? Oder gar Brendans Onkel Shep? Oder war es jemand, den ich noch nie gesehen hatte?

Ich hatte es mir gerade in meinem Schaukelstuhl bequem gemacht, als der Himmel über dem See sich plötzlich verdunkelte. Die Luft war schwer und roch nach Ozon, und das drohende Gewitter schien die Atmosphäre von Spannung und Dramatik, die Sams Briefe umgab, noch zu verstärken. Die Natur als Spiegel unserer Gefühle – ganz wie in einem viktorianischen Roman.

Ich musste unbedingt wissen, wie die Geschichte von Sam und Doc ausging. Ich hoffte wohl auf ein Happy End.

Wer täte das nicht? Aber in letzter Zeit hatte ich die Erfahrung machen müssen, dass ein Happy End nicht immer so leicht zu haben ist.

Ich begann dennoch zu lesen.

50

Jennifer, meine Liebe,

meine Sehnsucht nach Doc war oft so groß, dass ich es kaum ertragen konnte. Du weißt, wovon ich rede. Manchmal ging es mir über Monate so. Aber dann passierte etwas, und davon will ich dir jetzt erzählen. Jeden Sommer gab es zehn Tage, die für mich noch qualvoller waren als der Rest des Jahres. Das war immer dann, wenn Charles sich nach Irland verzog, um mit seinen Kumpels Golf zu spielen – ich weiß nicht, was er dort sonst noch so getrieben hat, aber es gab Gerüchte. Solange er weg war, hatte ich keinen anderen Gedanken als Doc. Ich konnte nichts dagegen tun – und vielleicht wollte ich es ja auch nicht.

Ich erinnere mich an einen ganz bestimmten Samstagmorgen im August 1972. Charles war in Kilkenny und ich in Lake Geneva. Ich war zum Einkaufen in die Stadt gefahren.

Allein, wie ich es gewohnt war.

Ich hatte meinen Jeepster mit Rollen von Wildschutzdraht beladen und wollte noch rasch tanken, bevor ich nach Hause fuhr. In diesem Sommer jobbte der junge

Johnny Masterson als Tankwart, und er hatte gerade meinen Jeep voll getankt, als Docs Wagen auf der anderen Seite der Zapfsäulen anhielt.

Mein Herz begann zu pochen, als ich ihn erblickte. Das passierte jedes Mal – was vielleicht daran lag, dass wir so viele Geheimnisse hatten, vor allem aber daran, dass wir uns so sehr liebten. Ich gab Johnny einen Zehndollarschein, und während er das Wechselgeld holen ging, stieg Doc aus seinem Wagen. Er kam auf meinen Jeep zu. Mein Gott, Jen, er sah wirklich so umwerfend aus, mit diesem Lächeln, bei dem auch dem größten Griesgram warm ums Herz wurde. Und dann seine Augen …

»Tu mir einen Gefallen, Sammy«, sagte er, »und komm mir nicht mit irgendwelchen Einwänden. Fahr mir ganz einfach nach, wenn ich hier fertig bin.«

Ich folgte Doc zehn Meilen die Route 50 entlang. Dann bog er auf den Highway ab. Kurz darauf fuhr er auf den Parkplatz der Alpine-Valley-Raststätte. Ich hielt neben seinem Wagen an und stieg bei ihm ein. War es das, was Doc wollte? Wie auch immer – ich wollte es auch.

Ich fiel ihm sofort um den Hals. »Du hast mir so gefehlt. O Gott, ich weiß nicht, wie lange ich das noch aushalten kann«, gestand ich.

Als Doc antwortete, war mir, als ob seine Stimme jede Faser in meinem Leib zum Schwingen brachte. »Ich weiß, wir haben das Thema schon tausendmal durchgekaut, Samantha. Vielleicht ist es falsch, aber das kümmert mich einfach nicht mehr. Ich bin jetzt fünfzig Jahre alt, und ich liebe dich mehr als alles andere auf der Welt. Ich will mit dir allein sein. Bitte, sag, dass du mit mir kommst. *Jetzt*, Samantha.«

Jennifer, es war, als hätte ich jahrelang die Luft angehalten und könnte jetzt endlich ausatmen. Plötzlich war der Augenblick gekommen. Wovon ich die ganze Zeit geträumt hatte, ohne dass ich je zu hoffen gewagt hätte, dass es Wirklichkeit werden könnte – das lag jetzt zum Greifen nahe.

»Ja«, flüsterte ich an Docs Wange geschmiegt. »Ich werde mit dir kommen. Lass uns jetzt gleich losfahren – bevor ich es mir noch anders überlegen kann.«

51

Jennifer,

kein Mensch weiß von dieser Geschichte – kein Mensch außer dir.

Doc und ich hielten einander noch lange im Arm, dort auf dem Parkplatz. Wahrscheinlich versuchten wir uns gegenseitig Mut zu machen. Ich hatte keine Ahnung, wohin die Reise gehen sollte, aber ein paar Minuten später waren wir schon unterwegs.

Die ganze Fahrt über hielt ich seine Hand, während mir hundert verschiedene Gedanken durch den Kopf schossen, einer verrückter als der andere. Was, wenn wir erwischt würden? Was würde das für unser Leben bedeuten? Würden Doc und ich es wirklich schaffen, ein ganzes Wochenende zusammen zu verbringen?

Wir waren schon acht Stunden gefahren, als im Scheinwerferlicht das Schild WILLKOMMEN IN COPPER HARBOR, MICHIGAN auftauchte.

»Da wären wir«, sagte Doc. Ich drückte ganz fest seine Hand, und dann rückte ich noch näher an ihn heran und küsste ihn. Nur zu deiner Information – Copper Harbor liegt an der Spitze der Keweenaw-Halbinsel im Staat Michigan und ist auf drei Seiten vom Lake Superior umgeben. Es ist atemberaubend schön dort. Es war August, aber die Luft war kühl, und ich hatte nur Shorts und eine ärmellose Bluse an. Doc zog seine Jacke aus und legte sie mir um die Schultern.

»Es heißt *Raptor Lodge*, es ist sehr klein und etwas ganz Besonderes«, erklärte er. »Ich wollte schon immer mal mit dir dorthin.«

Ich lachte. »Und ich wollte schon immer mit dir mitkommen, ganz gleich wohin. Aber hier ist es wirklich wunderschön.«

Wir betraten das Hauptgebäude und meldeten uns an. Ich bin mir ziemlich sicher, dass man uns schon von weitem ansah, wie verliebt wir waren, und, Jennifer, der Eindruck täuschte nicht. Normalerweise kann ich Paare nicht ausstehen, die in der Öffentlichkeit ständig knutschen müssen, aber ich konnte einfach nicht anders, und Doc ging es genauso.

Vom Haupthaus gingen wir zu unserem Apartment. Ich

konnte nicht von Doc ablassen. Im Unterholz raschelte es, und die Rufe und Pfiffe der kleinen Kreaturen des Waldes machten die Nacht zum Tage, aber ich sah und hörte nur Doc; ich wollte ihm nahe sein, und ich dachte nur daran, was als Nächstes passieren würde. Mein ganzes Leben lang war ich nur mit Charles zusammen gewesen – und du weißt ja, was daraus geworden ist.

Schließlich erblickten wir unsere Hütte auf einer mondbeschienenen Lichtung. Über einen Teppich aus Kiefernnadeln gingen wir darauf zu. Als Doc mit dem Schlüssel hantierte, bekam ich plötzlich einen ganz trockenen Mund, und meine Knie zitterten. Dann stieß er die Tür auf und nahm mich in die Arme.

»Endlich«, sagte er lächelnd.

Wir küssten uns und begannen an unseren Kleidern zu nesteln. Doc küsste mich und berührte mich, wie ich noch nie von einem Mann geküsst und berührt worden war. Wenn dir das jetzt unangenehm ist, dann spring weiter zum nächsten Brief, aber für mich war es einfach nur gut. Ich schmolz in seinen Armen, und auch alle meine Selbstzweifel schmolzen dahin. Bei ihm hatte ich das Gefühl, sexy und begehrt zu sein, schön – und auch ziemlich gut im Bett. Ich hatte bis dahin nicht gewusst, dass so etwas möglich war, weil es für mich nie auch nur annähernd so gut gewesen war. Ich fühlte mich lebendig, frei und *begehrenswert*. Ich fühlte mich wie eine Frau, und ich genoss jede einzelne Sekunde.

Schließlich nahm Doc mein Gesicht in beide Hände und sah mir tief in die Augen.

»Du *weißt* gar nicht, wie schön du bist, habe ich Recht?«, fragte er. Meine Naivität schien ihn zu verblüffen.

»Nein«, antwortete ich, »ich habe es wirklich nicht gewusst. Bis ich dir begegnet bin.«

52

Jennifer,

es gibt ein paar pikante Details, die ich lieber für mich behalten werde, aber ich kann dir sagen, dass diese Nacht mit Doc alle meine Erwartungen erfüllte und sogar noch übertraf. Ich erwachte in seinen Armen, und zum ersten Mal, seit ich mich erinnern konnte, hatte ich das Gefühl, da zu sein, wo ich hingehörte. »Guten Morgen, Samantha!«, flüsterte er. »Du bist immer noch so schön, wie ich dich von gestern Abend in Erinnerung habe.«

Für Doc war ich immer *Samantha* – und nur für ihn.

Die nächsten zwei Tage verbrachten wir zumeist in unserem Häuschen. Um ehrlich zu sein, wir hätten gar nicht irgendwo anders sein wollen. Alles war so neu für uns, und – nun ja, diese »Entdeckungsreise« machte uns beiden einfach so viel Spaß. Aber in der zweiten Nacht riss uns plötzlich das Läuten des Telefons aus dem Schlaf.

Ich klammerte mich an Docs Arm und begann zu zittern. Niemand wusste, dass wir hier waren. Hatte Charles uns aufgespürt?

»Sehr schön. Vielen Dank!«, sagte Doc in den Hörer.

Jetzt war ich wirklich perplex. Ich konnte nicht verstehen, wieso er darüber lächelte, dass wir um Viertel vor zwei aus dem Tiefschlaf geweckt worden waren.

»Zieh dich an, Samantha«, sagte er, während er schon nach seinen eigenen Kleidern griff. »Du wirst begeistert sein. Das ist mit ein Grund, weshalb wir hier sind.«

Jennifer, stell dir vor – *versuch* dir vorzustellen, was wir in dieser Nacht erlebten.

Wir fuhren eine kurze Strecke mit dem Auto und gingen dann zu Fuß weiter, und schließlich setzten wir uns auf einen großen Felsen mit Blick über den Lake Superior. Ich hatte die Arme um die Knie geschlungen, Doc legte den Arm um meine Schulter, und zwischen uns und Kanada war absolut *nichts* als die gewaltige, glitzernde Wasserfläche des Sees. Es war kurz vor drei Uhr morgens.

Und dann wurden unsere Augen größer und größer, als wir Zeugen wurden, wie ein leuchtendes grünes Band sich über den Horizont ausbreitete und ganz langsam aufzusteigen begann, bis es wie ein transparenter, schimmernder Lichtvorhang über dem Wasser schwebte. Der Saum des Vorhangs erglühte rötlich, und dann leuchteten violette und blaue Schleier auf, bis der ganze Himmel zu erzittern und in Schwingung zu geraten schien.

»Irgendjemand muss uns was ins Wasser getan haben«, stieß ich atemlos hervor. »Oder ich habe Halluzinationen.«

Doc lachte. »Das ist das Polarlicht. Die meisten Menschen haben schon einmal davon gehört, aber sie haben keine Ahnung, was es wirklich ist. Und wir sehen es jetzt, Samantha. Ist das nicht unglaublich?«

Es war ein unvergesslicher Moment. Der ganze Himmel war in Bewegung, und während der schillernde Vorhang in Wellen über uns hinwegzog, wirbelten helle Lichtpunkte wie Feuerräder. Doc erklärte mir, dass es sich beim Polarlicht um einen Strom von elektrisch geladenen Teilchen handelt, der vom Sonnenwind angetrieben wird und mit den Gasatomen in der Erdatmosphäre kollidiert. »Durch den Aufprall werden die Gasatome zum Leuchten angeregt, wobei die Farbe des Lichts von der Art des Gases abhängt. Sauerstoff erscheint grün oder rot, das blaue oder violette Licht ist Wasserstoff beziehungsweise Helium, und Natrium leuchtet gelb. Es ist wie Neonlicht, nur ohne die Röhren«, sagte Doc. »Neonlicht in freier Wildbahn sozusagen.«

Ich schloss ihn in die Arme und flüsterte: »Danke.«

Doc zuckte mit den Achseln. »Ich habe ja nur dafür gesorgt, dass wir wach sind und es nicht verpassen.«

»Ich will nicht, dass es schon zu Ende ist«, flüsterte ich an seine Wange geschmiegt. Und das war es auch nicht. In dieser Nacht liebten wir uns dort auf dem Felsen unter dem Sternenhimmel. Jennifer, es war ein sinnlich-übersinnliches, ein überirdisches Erlebnis – und ich kann »Neonlicht in freier Wildbahn« all jenen nur wärmstens empfehlen, die sich noch ein kleines bisschen Romantik im Herzen bewahrt haben.

Auch wenn sie sich nicht ganz sicher sind, ob da wirklich noch etwas ist.

53

Liebe Jen,

plötzlich war es Sonntagmorgen, und als ich erwachte, war mein Herz schwer von Kummer und Angst. Ich wollte Charles verlassen. Doc schlief noch, und ich betrachtete sein Gesicht, sein volles, blondes Haar, in dem nur hier und da ein wenig Silber aufblitzte. Ich prägte mir jeden seiner Züge ganz genau ein. Warum hatte uns dieser Moment nicht erspart bleiben können? Doch der Moment war gekommen; es war Zeit, die kostbaren Erinnerungen für die Zukunft zu bewahren.

»Ich bin wach«, flüsterte er. »Ich habe nur mit geschlossenen Augen nachgedacht.«

»Über was?«

»Ach, über alles, was wir an diesem Wochenende zusammen gemacht haben. Über dich. Du bist viel wundervoller als jedes Polarlicht.«

Ich klagte nicht – kein Wort, kein Blick verriet, was ich fühlte. Doch Doc wusste Bescheid. »Sei nicht traurig, Samantha«, sagte er. »Wir haben gerade das beste Wochenende unseres Lebens hinter uns.«

»Ich will bei dir sein«, sagte ich. »Ich will, dass wir uns nie mehr trennen müssen. Ich glaube nicht, dass ich es noch länger ertragen kann.«

»Du kannst meine Gedanken lesen«, erwiderte Doc. »Aber ich denke schon seit *Jahren* darüber nach. Über dieses zerrissene Leben, das wir führen. Ja, manchmal ist es schon verdammt schwer. Als Sara krank wurde, als wir sicher wussten, dass sie sterben würde, da habe ich geschworen, dass ich unsere Jungen stets in ihrem Sinne großziehen würde. Und du, du würdest dich von Charles scheiden lassen müssen, und er würde sich sicher dagegen wehren, oder?«

Ich legte einen Finger auf Docs Lippen, nicht, weil ich nicht hören wollte, was er zu sagen hatte, sondern weil ich sehen konnte, welche Qualen es ihm bereitete.

»Wenn du so weit bist«, sagte ich, »werde ich auf dich warten. Und noch etwas muss ich dir einfach sagen. Ich liebe dich so sehr – ich habe das Gefühl, dass du mir das Leben gerettet hast.«

»Ich liebe dich, Samantha.«

O Gott, wie gut mir diese Worte taten!

Ich nahm alles nur wie durch einen Schleier wahr, als wir uns von Mr. und Mrs. Lundstrom verabschiedeten, den Besitzern der Anlage, und diese Benommenheit legte sich auch nicht, als wir zusammen nach Lake Geneva zurückfuhren. Ich erinnere mich noch, dass ich die ganze Fahrt über Docs Hand hielt.

Und dann erreichten wir den Parkplatz des Alpine Valley. Was für ein bitterer Moment das war, welch ein ungeheurer Kontrast zu den glücklichen Stunden, die hinter uns lagen! Wir saßen noch lange zusammen in Docs Wagen und hielten uns eng umschlungen, als wollten wir uns nie wieder loslassen.

»Ich muss jetzt fahren, Samantha«, sagte er schließlich.

»Ich vermisse dich jetzt schon, und dabei bist du doch noch gar nicht weg«, flüsterte ich. »Bitte, vermisse mich auch!«

»Wie schön du das gesagt hast«, erwiderte Doc. »Du bist so offen und natürlich, und auch dafür liebe ich dich.« Und dann küssten wir uns ein letztes Mal – und ich hoffte nur, dass es *nicht* das letzte Mal wäre. Ich musste meine ganze Willenskraft zusammennehmen, um nicht in seinen Armen loszuheulen wie ein Baby. Und ich schaffte es – ich weinte nicht.

Mein Jeep stand noch da, wo ich ihn geparkt hatte. Ich stieg ein, und alles fühlte sich plötzlich so unwirklich an. Wir hupten noch einmal zum Abschied, und dann lenkte ich den Wagen auf den Highway. Ich ließ Doc weit vorausfahren.

Während ich allein nach Lake Geneva zurückfuhr, dachte ich über das Polarlicht nach, aber auch über Doc. Ich hatte ihn wieder verloren, und ich wusste nicht, wie ich es ertragen sollte. Ich weinte die ganze Heimfahrt über.

54

Arme Sam.

Böige Schauer verjagten mich von der Veranda, und ich flüchtete mich ins Haus, in dem es allmählich immer dunkler wurde. Sams Einsamkeit, diese traurige Seite ihres

Lebens, von der ich nichts geahnt hatte, all dies beschäftigte mich, während ich die Fenster schloss und die Regentropfen von den Fensterbrettern wischte. Ich dachte an ihren Abschied von Doc, und das rief mir Brendan in Erinnerung. *Wo ist er? Es ist scheußlich draußen. Es regnet in Strömen, und er ist mit dem Auto unterwegs.*

Ich legte die restlichen Briefe von Sam auf das Kaminsims neben die alte Marmoruhr – und da fiel mir noch etwas anderes ein. Ich hatte einen Abgabetermin um 18:00 Uhr. An meine Kolumne hatte ich überhaupt nicht mehr gedacht.

Ich machte es mir auf dem weichen blauen Samtsofa bequem, fuhr meinen Laptop hoch und klickte den Ordner mit den Gedanken zu verregneten Tagen an. Keiner davon war es wirklich wert, auf 750 Wörter ausgewalzt zu werden, aber nach ein paar Stunden tauchte dann doch noch aus den Tiefen meiner Gehirnwindungen eine richtig gute Idee auf.

Genauer gesagt, es war so eine gute Idee, dass ich mich fragte, wieso ich erst jetzt darauf gekommen war.

Sofort griff ich nach dem Telefon und tippte eine Nummer ein, die ich auswendig kannte.

»Debbie, es führt einfach kein Weg daran vorbei«, sagte ich. »Im Moment nütze ich der *Trib* herzlich wenig, und es ist auch nicht fair meinen Lesern gegenüber. Ich weiß nicht, wie ich es erklären soll. Am Besten versuch ich's gar nicht erst.«

Es tue mir sehr Leid, sagte ich meiner Chefredakteurin,

aber ich müsse einfach eine Zeit lang unbezahlten Urlaub nehmen. Den Grund verriet ich ihr nicht. Ich wollte nicht von Debbie bemitleidet werden; ich hatte keine Lust, ihr mein Herz auszuschütten und ihr von Sam und Brendan zu erzählen.

Nachdem ich aufgelegt hatte, überkam mich eine Woge der Panik. Ich kam mir vor, als ob ich am Rand eines Abgrunds stünde und in die gähnende Leere hinunterstarrte.

Ich musste heute Abend noch zu Sam, aber es goss noch immer in Strömen. So dicht war der Regen, dass er den See und sogar die Bäume vor dem Haus völlig verschluckte. Ich war dennoch schon auf halbem Weg zum Wagen, als ich durch das Prasseln der Regentropfen ein einzelnes, kurzes Hupsignal hörte. *Brendan!* Und da sah ich auch schon seinen schwarzen Jeep die mit Pfützen übersäte Straße hinter den Häusern entlangkommen.

Dann drehte er das Seitenfenster herunter und lächelte, und alles war vergeben. »Jennifer! Da bin ich wieder. Ich hatte von Chicago bis hierher diesen scheußlichen Regen!«

Ich war so froh und erleichtert, Brendans strahlendes Gesicht zu sehen. *Da hast du deine Erklärung, Debbie! Sein unglaubliches Lächeln.* Ich machte einen Schwenk nach links und lehnte mich mit dem triefend nassen Ellenbogen meiner gelben Regenjacke ins Fenster.

»He, Kumpel, nimmst du mich ’n Stück mit? Ich habe Neuigkeiten. Sam ist aus dem Koma aufgewacht.«

55

»Du wirst sie bestimmt mögen. Sam ist um einiges interessanter, wenn sie bei Bewusstsein ist«, sagte ich zu Brendan, als wir Richtung Krankenhaus fuhren. »Und sie wird dich auch mögen, denke ich. Oder jedenfalls wird sie so tun, als ob.«

Brendan fing an zu lachen. »Was ist denn heute in dich gefahren?«, fragte er.

»Ach, ich habe vorhin gerade eine traurige Geschichte gehört, und dann habe ich dein lächelndes Gesicht gesehen. Ein merkwürdiger Kontrast, sehr interessant. Und ich habe Urlaub genommen. Jetzt kann ich auch den ganzen Tag nur am Strand rumhängen, genau wie du.« Brendan hielt mir die Hand zum High-Five hin, und ich schlug ein.

Als wir in Sams Zimmer traten, machten wir große Augen. Dutzende glänzender Luftballons und Papierschlangen hingen an der Decke, und sämtliche horizontalen Flächen waren mit zellophanverpackten Obstkörben und bunten Blumengestecken voll gestellt. Offenbar hatte es sich in Lake Geneva – und vielleicht sogar in ganz Wisconsin und Illinois – herumgesprochen, dass Sam aus dem Koma erwacht war. Ich fragte mich, ob von den Blumen und Ballons auch welche von Doc kamen.

Sam trug einen blau-weiß gestreiften OP-Kittel, und sie war immer noch ziemlich blass, doch ihr Haar war gekämmt, und sie lächelte, als sie mich sah. Sie war munter und schien fast schon wieder die Alte.

»Hallo. Hallo, Jennifer. Und wer ist der gut aussehende junge Mann?«, fragte sie.

»Das ist Brendan. Ich habe dir von ihm erzählt, aber wahrscheinlich erinnerst du dich nicht mehr daran. Er sieht wirklich gut aus, nicht wahr?«

Brendan gab ihr die Hand. »Hi, Samantha«, sagte er. Mir blieb fast der Mund offen stehen. Ich hatte keine Ahnung, wie er darauf kam. *Samantha*, genau wie in den Briefen. So, wie Doc sie immer genannt hatte.

»Kennen wir uns nicht?«, fragte Sam. »Sie gleichen irgendwie – ach, Sie wissen schon, wen ich meine.«

»Meinem Onkel Shep?«, fragte Brendan. »Ist nur eine Vermutung.«

»Genau, den meine ich«, sagte sie. »Ja, natürlich.«

Brendan stellte das Kopfteil von Sams Bett ein paar Stufen höher, und wir zogen uns zwei Stühle heran. Sam gab uns eine etwas fragmentarische Zusammenfassung ihres Tages. Aber dann fixierte sie wieder Brendan. Sie schien ein wenig verwirrt. »Keine Sorge, mir geht's gut«, sagte sie und zwinkerte mir zu.

Dann sah sie wieder Brendan an. »Wie ich höre, sind Sie ein sehr guter Arzt, Brendan. Wieso haben Sie dann die Hoffnung aufgegeben?«, fragte Sam. »Wie können Sie einen so wunderbaren Menschen wie Jennifer im Stich lassen, ohne zu kämpfen?«

Ich sah, wie Brendan zurückzuckte, als hätte er einen

Schlag ins Gesicht bekommen, doch er fing sich gleich wieder. »Das ist eine gute Frage, nicht wahr? Die habe ich mir auch schon gestellt.«

Ich fing Sams Blick auf. Ich weiß nicht, wie sie es geschafft hatte, aber sie hatte den Nagel genau auf den Kopf getroffen. *Hundert Punkte für Sam.*

»Wie Sie schon sagten, Samantha, ich bin Arzt, und wir Ärzte halten es im Allgemeinen mit der Logik. Vielleicht täte es uns gut, wenn wir nicht immer so furchtbar logisch wären. Ich will die Zeit genießen, die mir noch bleibt, die *uns* noch bleibt, okay? Ich will keine Sekunde davon vergeuden. Nicht eine Sekunde. Können Sie das verstehen?«

Sam sah ihm in die Augen und nickte. »Klingt nach einer sehr vernünftigen Lebensphilosophie«, sagte sie. »Dagegen lässt sich kaum etwas einwenden.«

»Danke«, sagte Brendan.

»Und?«, fragte Sam. Ihre Blick ging kurz zu mir, bevor sie wieder Brendan ansah.

»Und?«, wiederholte ich. Und setzte ein tapferes Lächeln auf.

Sams Blick blieb jetzt auf Brendan gerichtet. »Kämpfen Sie«, flüsterte sie. »Das habe ich auch getan.«

56

Die nächsten Tage waren womöglich die besten und unvergesslichsten meines Lebens. Ich versuchte, jeden Tag bewusst zu erleben, vom Sonnenaufgang bis zu dem Moment, wo mir die Augen zufielen. Das schien mir plötzlich die vernünftigste Einstellung der Welt. Ich hatte so viel nachzuholen, mit Sam und auch mit Brendan.

Brendan war ein nachdenklicher Mensch, der den Dingen gerne auf den Grund ging, aber er garnierte seine besten Gedanken gerne mit einer witzigen, gewöhnlich selbstironischen Bemerkung, was genau meiner Lebensphilosophie entsprach. Zugleich entdeckte ich, was für ein selbstloser und großzügiger Mensch er war. Er hatte es nicht nötig, den starken Beschützer zu mimen, doch ich konnte mich darauf verlassen, dass er da war, wenn ich ihn brauchte.

Jedes Mal, wenn ich ihm in die Augen sah oder ihn auch nur aus der Ferne erblickte, drängte sich mir derselbe Gedanke auf: Was für eine himmelschreiende Schande, was für ein sinnloser Verlust es doch war, dass dieser Mann sterben sollte. Ich hätte gerne versucht, ihm seine Entscheidung auszureden, aber ich brachte es nicht übers Herz, mit ihm zu streiten. Er war zu klug und zu nett, und außerdem wäre es eine Verschwendung der Zeit gewesen, die wir zusammen sein durften; der kostbaren Minuten und Stunden unseres Sommers.

Wir gingen jeden Tag schwimmen, sogar bei Regen. Wir besuchten Sam, bis zu dreimal an einem Tag, und sie und Brendan wurden gute Freunde. Sie hatten tatsächlich einiges gemeinsam. Ich machte lange Spaziergänge mit Brendan, und jeden Abend kochten wir etwas Feines oder gingen essen. Tagsüber aßen wir nur wenig, aber das Abendessen war immer etwas Besonderes.

Abgesehen von seinen Blaubeerpfannkuchen war Brendan *kein* guter Koch – obwohl er versicherte, dass er sich mit ein wenig Übung bestimmt auf ein mittelmäßiges Niveau hocharbeiten könnte. Also übernahm ich das Kochen, und er deckte den Tisch und spülte. Bei der Arbeit trug er immer sein Rotkreuz-Rettungsschwimmer-T-Shirt, in dem ich ihn so gerne sah.

Wir tanzten zu einer unserer Lieblings-CDs oder einfach nur zur Musik aus dem Radio. Ich liebte es, in Brendans Armen zu liegen, ihm ganz nahe zu sein, zu hören, wie er leise mitsummte, wenn wir zu »Something to Talk About« tanzten. Oder zu Jill Scotts »Do You Remember«, oder zu »Sweet Baby James«, »The Logical Song«, »Bad to the Bone«, »Let's Spend the Night Together« und Dutzenden anderen, Rocksongs oder Balladen – das war uns ziemlich gleich.

Es waren *unsere* Lieder, die Songs unseres Sommers.

Eines Sonntagabends schlief Brendan vor mir ein, und so ging ich mit einem der letzten Stapel von Sams Briefen in die Küche. Ich hatte die Briefe vor kurzem einmal gezählt – es waren insgesamt 170. Der längste umfasste beinahe zwanzig Seiten, der kürzeste bestand nur aus ein paar Zeilen. Alle zusammen waren Sams Vermächtnis an mich. Ich hatte schon gut drei Viertel verschlungen, und bald würde ich alle ihre Briefe gelesen haben.

Ich setzte mich an den Küchentisch, und im grellen Schein der Deckenlampe nahm ich mir den nächsten Brief meiner Großmutter vor.

Liebe Jennifer,

nachdem Doc und ich aus Copper Harbor zurück waren, fiel mir das Getrenntsein noch schwerer, als ich gedacht hatte. *Viel schwerer.* Und das bedeutete, dass wir uns wirklich unrettbar ineinander verliebt hatten. Aber das wusste ich ja bereits. Bei einem nächtlichen Telefonat im Herbst dieses Jahres kamen wir zu dem unvermeidlichen Schluss, dass wir uns einfach wiedersehen *mussten*.

Wir mussten noch viele Monate darauf warten. Doch als Charles dann für Juni wieder einen Golfurlaub (oder was auch immer) plante, schmiedete ich meine eigenen Pläne. Und ich war es auch, die den Ort für unser nächstes Rendezvous aussuchte: die kleine Stadt Holland am Ostufer des Lake Michigan.

Wie beim ersten Mal trafen Doc und ich uns auf dem Parkplatz des Alpine Valley. Wir umarmten und küssten uns und grinsten wie zwei frisch verliebte Teenager, die zum ersten Mal zusammen ins Kino gehen. Und dann fuhren wir los. Wir waren insgesamt sechs Stunden unterwegs: zwei Stunden Autofahrt, gefolgt von vier Stunden auf der *S.S. Badger*, einer Autofähre. Die Überfahrt war wie ein eigener Mini-Urlaub.

Ich wollte nie wieder von Doc getrennt sein. Wir standen zusammen an der Reling und sahen zu, wie die Motoren der Fähre Meile um Meile schäumenden Kielwassers zwischen uns und unser Alltagsleben brachten. Im Bordrestaurant tranken wir heiße Schokolade und sahen uns dann in dem winzigen Kino der *Badger* unseren ersten Film an – »Der rosarote Panther«. Und als wir dann anlegten, waren unsere Gesichter von der frischen Seeluft gerötet, und unsere Herzen machten Freudensprünge. Wir waren so verliebt, und unser Wochenende in Michigan war sogar noch besser als das erste. Bernard Slade hatte sein Stück *Nächstes Jahr, gleiche Zeit* noch gar nicht geschrieben, aber Doc und ich lebten es schon einmal vor.

Jennifer, ich werde das Ganze jetzt ein bisschen abkürzen und mich auf die Höhepunkte konzentrieren – und auf die Tiefpunkte.

Im nächsten Jahr unternahm Charles seine Reise im Juli, und wieder schmiedete ich mit Doc Pläne für die Zeit seiner Abwesenheit. Wir fuhren Richtung Norden, und dann hatte Doc eine Überraschung für uns parat. Er hatte in La Crosse, Wisconsin, am Zusammenfluss des Lacrosse, des Black River und des Mississippi, ein Hausboot für uns gemietet. Wir nahmen Kurs auf die Kleinstadt Wabasha in Minnesota, wo wir anderthalb Stunden später anlegten. Dort feierten Doc und ich unser Wiedersehen bei Fasanenbraten, gebackenen Bohnen mit Rosinen, Kürbisfladen und Calvadostorte. Ich glaube nicht, dass ich je etwas Besseres gegessen habe. Danach schipperten wir zurück in den Jachthafen von La Crosse, wo wir für die Nacht vor Anker gingen. Wir schliefen in einer Doppelkoje unter dem Sonnendeck. Am nächsten Morgen duschten wir an Deck und kreischten ausgelassen unter dem kalten Wasserstrahl. Und dann schlossen wir uns einer bunt gemischten Flotte von Wasserfahrzeugen jeglicher Art an, die sich zum jährlichen Flussfest versammelten. Bis in die Nacht hinein spielten Bands auf dem Wasser, es gab ein Feuerwerk, und überall sah man glückliche Kindergesichter. Und die glücklichsten Kinder von allen waren Doc und ich. Vier Tage lang schwebte ich im siebten Himmel, und ich wollte nie mehr zurück auf die Erde. Doch es blieb mir natürlich nichts anderes übrig.

Für unser viertes Jahr hatten wir einen Trip nach New York mit allen Schikanen geplant. Ganze neun Monate lang hatte ich sehnsüchtig darauf gewartet. Wir hatten ein Zimmer im Plaza mit Blick auf den Central Park reserviert, uns Karten für zwei Broadway-Stücke besorgt, Tribünenplätze im Yankee-Stadion und Tische in feinen Restaurants. Das würde alle unsere bisherigen romantischen Sommerabenteuer in den Schatten stellen.

Als wir in der Lounge vom O'Hare-Flughafen auf unseren Aufruf warteten, erkannten mich ein paar Klienten von Charles, die denselben Flug nach New York gebucht hatten, und riefen meinen Namen. Ich wäre fast in Ohnmacht gefallen und lief sofort knallrot an.

Doc war nur ein paar Meter von mir entfernt; er blätterte gerade in der *New York Times*, als er Zeuge wurde, wie ich mich mit den Hennesseys unterhielt und ihnen etwas von einer Freundin erzählte, die ich zum Flughafen begleitet habe. Doc begriff schnell, was los war, und verzog sich unauffällig. Sobald es ging, trafen wir wieder zusammen. Wir beschlossen, auf New York zu verzichten, und gingen zu seinem Wagen zurück. Mein Herz war ein Scherbenhaufen.

»Einen schönen Schlamassel hast du uns da eingebrockt, Stanley«, sagte Doc und verdrehte übertrieben die Augen wie Oliver Hardy. Er ließ den Motor an.

»Ich habe die Hennesseys gerade angelogen«, erklärte ich. »Sie werden es Charles erzählen. Wir sollten sofort nach Hause fahren.«

Doc nickte traurig, setzte zurück und fuhr los. Es war so ein traumhafter Morgen, und der strahlend blaue Himmel versprach einen noch traumhafteren Tag. Es war einfach jammerschade. Ich war so bitter enttäuscht, als wir uns an der Ausfahrt vom Flughafen in den Verkehr einfädelten, und mir schwirrte der Kopf.

»Weißt du was«, sagte ich plötzlich. »Ich habe eine andere Idee.«

Doc grinste bis über beide Ohren. »Ich wusste, dass dir was einfallen würde, Samantha. Ich hatte sowieso nie vor, dich nach Hause zu fahren.«

57

Jennifer,

die Lundstroms staunten natürlich nicht schlecht, als wir bei Einbruch der Dämmerung plötzlich vor ihrer Tür standen, aber sie freuten sich, uns zu sehen, und sie hatten noch etwas frei. Wir ließen uns den Schlüssel geben und machten uns auf den Weg. Der vertraute Pfad lag wie damals im Mondschein, und die Geräusche des Waldes begleiteten uns. Ich konnte es kaum erwarten, wieder in Docs Armen zu liegen. Wir hatten schon einen halben Tag verloren.

Was dann passierte, werde ich mein Lebtag nicht vergessen. Wir kamen gerade um eine Biegung, als plötzlich eine gewaltige dunkle Masse aus dem Unterholz hervorbrach und unseren Weg kreuzte. Ich wusste nicht, was es war, aber es war größer als ein Pferd und stank entsetzlich. Und dann brüllte das Ding uns auch noch an! Es war wahrscheinlich ebenso erschrocken wie wir. Doc und ich standen wie vom Donner gerührt, bis die Kreatur den Pfad hinter sich gelassen hatte und bergab davongestampft war.

»Das war ein Elch«, sagte Doc, als wir uns von dem Schrecken erholt hatten. Wir rafften unsere Koffer und die Taschenlampe zusammen und beeilten uns, zu unserer Hütte zu kommen. Natürlich konnten wir beide nicht schlafen. Aber am Ende dieser »Nacht des Elchs« konnten wir endlich über die nur haarscharf vermiedene Katastrophe am Flughafen O'Hare lachen. Und dann fassten wir einen Plan, damit uns so etwas nicht ein zweites Mal passieren konnte. Von nun an verbrachten wir unsere romantischen Wochenenden immer auf der Upper Peninsula in Michigan. Wir freundeten uns mit Mike und Marge Lundstrom an, und das kleine Ferienhaus in Copper Harbor mit dem gemauerten Kamin im Schlafzimmer und dem Blick auf den See wurde unser Liebesnest.

Zu Hause wusste niemand von unserem Geheimnis, Jennifer. Niemand ahnte irgendetwas von Doc und mir und von unserem Doppelleben.

Und wehe, du sagst es weiter!

Und verwende es bitte auch nicht in einer von deinen Kolumnen.

Oder – Gott bewahre – in einem Buch.

58

Liebe Jen,

es ist jetzt vier Jahre her, aber damals konnte ich dir nicht sagen, was ich dabei empfand. Das kann ich erst jetzt.

Es war ein kalter Märzabend, und in Chicago schneite es. Dicke Flocken wirbelten lautlos vom Himmel, und der Wind heulte wieder einmal wie ein waidwundes Tier. Dein Großvater und ich wollten schon zu Bett gehen, als er mich bat, ihm noch rasch eine Flasche Anisett zu holen. Er hatte Magendrücken und dachte, der Likör würde vielleicht helfen. Er hatte in der Vergangenheit schon öfter gut gewirkt.

Ich hatte Charles immer gegeben, was er brauchte, und versucht, ihm eine gute Frau zu sein, trotz allem, was er mir angetan hatte. Ich musste mich beeilen, denn der Spirituosenladen hatte nicht mehr lange geöffnet. Also wagte ich mich hinaus in das Schneegestöber. »Sam, die Zuverlässige«, so hatte Charles mich manchmal genannt. Er hatte es wohl als Kompliment gemeint und gar nicht gemerkt, wie herablassend er klang.

Als ich zwanzig Minuten später zurückkam, lag dein Großvater tot in seinem Bett.

Jen, er sah genauso aus, wie ich ihn zuletzt gesehen hatte; er trug seinen Lieblingspyjama, den blauen von Henri Bendel, im Aschenbecher lag eine brennende Macanudo, und im Fernseher liefen die Spätnachrichten. Es ist immer noch ein Schock für mich, wenn ich daran denke, wie schnell alles ging. Der Herzinfarkt muss so plötzlich gekommen sein, dass er gar nicht wusste, wie ihm geschah – wie wenn einem in voller Fahrt ein Reifen platzt und der Wagen gegen einen Telefonmast rast. Von einer Sekunde auf die andere war alles vorbei.

Wir hatten beide nicht gewusst, dass er ein schwaches Herz hatte. Aber Charles hatte nie sehr darauf geachtet, was er aß und trank und ob er zu viel rauchte, und er hatte auch immer gerne die Nacht zum Tage gemacht. Jennifer, bei allem, was ich dir in diesen Briefen erzählt habe, darfst du doch nicht vergessen, dass wir Kinder und Enkelkinder hatten und viele, viele Erinnerungen miteinander teilten. Als ich ihn so friedlich daliegen sah, da sah ich das Gesicht des jungen Mannes, den ich vor so vielen Jahren gekannt hatte. Einen aufgeweckten Burschen, der in einem schrecklichen Krieg seinen Mann gestanden hatte, der von seinen Eltern nicht geliebt worden war und der doch hart darum gekämpft hatte, sich in dieser Welt zu behaupten. Ich erinnerte mich an die Hoffnungen, die ich in jenen frühen Tagen in unsere Zukunft gesetzt hatte, an die Liebe, die ich Charles hatte geben wollen und die ich ihm gewiss auch gegeben hätte.

Es ist so traurig. Aber manche Geschichten haben nun einmal kein Happy End.

59

Am nächsten Morgen hatte ich ein langes, intensives Gespräch mit Sam über meinen Großvater und über Doc. Es war unser bestes Gespräch, seit sie aus dem Koma erwacht war; mit jedem Tag glich sie ein wenig mehr der alten Sam, die ich gekannt hatte.

»Ich habe gestern Abend wieder einige von deinen Briefen gelesen«, erzählte ich ihr kurz nach meiner Ankunft. »Ich mache es, wie du gesagt hast – immer nur ein paar auf einmal. Gestern Abend habe ich von Opa Charles' Tod gelesen. Ich musste weinen, Sam. Hast du damals eigentlich geweint? In deinem Brief erwähnst du das nicht.«

Sam nahm meine Hand. »Natürlich habe ich geweint. Ich hätte Charles so viel Liebe geben können, aber er wollte sie einfach nicht annehmen. Er war ja im Grunde ein kluger und sensibler Mann, aber er konnte auch furchtbar stur sein. Ich denke, dass sein Onkel und sein Vater ihn so tief verletzt hatten, dass er danach nie wieder irgendjemandem vertrauen konnte. Ich weiß es wirklich nicht, Jennifer. Weißt du, Charles hat mir nämlich nie *seine* ganze Geschichte erzählt.«

Wieder stiegen mir die Tränen in die Augen. Es war alles so traurig. »Zu mir ist er immer gut gewesen, Sam.«

»Das weiß ich doch, Jennifer; das weiß ich.«

»Opa Charles hatte natürlich seine Launen, und dann waren da auch immer die strengen Regeln, an die man sich zu halten hatte, in Chicago und sogar hier am See.«

Jetzt lächelte Sam endlich. »Ach, von Charles' Regeln und Vorschriften musst du mir nichts erzählen, die kenne ich alle auswendig. Und seine Launen habe ich auch nicht vergessen.«

Ich sah ihr in die Augen; ich wollte alles verstehen. »Und warum hast du ihn dann nicht verlassen?«

Wieder lächelte Sam nur. »Lies die Briefe zu Ende, und dann reden wir weiter. Aber vergiss nicht: Sie sind nicht nur über mich – in den Briefen geht es auch um dich, mein Schatz.«

Ich musste lachen. »Das sind jetzt Sams Regeln, hm?«

»Keine Regeln, Jennifer. Nur ein anderer Weg, den ich eingeschlagen habe. Nur meine Sicht der Dinge.«

»Und du willst mir nicht verraten, wer Doc ist, oder?«

»Ich werde es dir nicht sagen, Jennifer. Lies die Briefe. Vielleicht kannst du es ja erraten.«

60

Fast jeden Tag gingen Brendan und ich in der »blauen Stunde« im See schwimmen. An diesem Abend erschien ich in einem blauen Sport-Badeanzug mit roten Rallyestreifen. Darin sah ich ganz wie die olympische Spitzenschwimmerin aus, die ich nicht war. Brendan trug schwarze Boxershorts, die nicht zu unförmig wirkten und ihm erstaunlich gut standen.

»Du siehst richtig gut aus«, sagte ich. »War das jetzt eine sexistische Bemerkung? Na ja, und wenn schon.«

»*Du* siehst wunderschön aus«, erwiderte Brendan. Und dann wurde seine Miene ungewöhnlich ernst. »Du bist eine fantastische Frau, Jennifer.«

Solche Komplimente hatte ich lange nicht gehört, bevor ich Brendan kennen lernte, und ich war fast schon geneigt, ihm zu glauben. Jedenfalls genoss ich es, dass er so nette Dinge über mich sagte. Wem gefällt so etwas nicht? Mag sein, dass jemand wie Cameron Diaz die ständigen Komplimente satt hat, aber ich bin nicht Cameron Diaz.

»Einfach umwerfend, Jen. Du hättest Filmschauspielerin werden sollen«, fuhr er fort.

»Verdirb dir nicht den ganzen Effekt«, warnte ich ihn. »Ich denke, du solltest jetzt lieber aufhören.«

»Sorry, aber das ist nun mal meine Meinung. Ich kann nur für mich sprechen. Jemand anderes schaut dich vielleicht an und sieht – was weiß ich, vielleicht Rosie –«

»Du *wirst* dir den ganzen Effekt verderben.«

»Aber ich sehe nur das schönste Mädchen der Welt.«

Ich schüttelte den Kopf. »Nein, Brendan. Das ist wirklich zu viel des Guten. Geht's nicht ein paar Nummern kleiner? Allerdings nicht *zu* viel kleiner.«

»Wie wär's mit *am See*? Das schönste Mädchen am See?«

Ich zuckte mit den Achseln und schmunzelte. »*Vielleicht.* In diesem Moment am See – da sind wir ja mehr oder weniger die Einzigen.«

»Also, das hätten wir geklärt – das schönste Mädchen am See!«

Und dann ließ Brendan seinen bisher wohl lautesten und schrillsten Urschrei los. Es klang fast wie ein Schmerzensschrei. Er lief voraus zum Wasser. Ich blieb ihm dicht auf den Fersen.

»Wer als Letzter an der Boje anschlägt!«, rief er mir über die Schulter zu.

»Was ist mit dem?«

»Der ist der größte Loser auf der ganzen Welt!«

»Das ist jetzt wieder zu viel des Schlechten.«

»Der größte Loser am Lake Geneva! Von allen, die wir in diesem Moment von hier aus sehen können!«

»Die Wette gilt!«

Wir sprangen ins Wasser und kraulten los, als wären die Haie hinter uns her. Ich fühlte mich gut in Form und dachte, dass ich vielleicht nicht mit einem ganz so großen Abstand wie sonst verlieren würde, was ich natürlich als persönlichen Triumph betrachtet hätte. Kurz darauf tauchte ich auf und griff nach der Boje. Zu meiner Überraschung erreichte Brendan die schwimmende Plastiktonne erst ein paar Sekunden nach mir. Ich schüttelte mir das Wasser aus dem Gesicht und den Haaren.

»Das ist unfair! Du hast mich *absichtlich* gewinnen lassen!«, kreischte ich.

Brendan starrte mich an. Er lächelte, doch seine Augen sprachen eine andere Sprache.

»Nein, Jennifer, ich habe dich nicht gewinnen lassen.«

61

Am nächsten Tag schüttete es wie aus Eimern. Brendan war weggefahren und blieb einige Stunden verschwunden. Ich muss zugeben, dass ich mir mehr und mehr Sorgen um ihn machte. Ich hatte Angst, dass er irgendwann nicht mehr zurückkommen würde, dass er am Steuer plötzlich einen Schwächeanfall erleiden oder ohnmächtig werden könnte – irgendetwas Schreckliches in der Art. Als er gegen vier Uhr endlich in die Einfahrt einbog, hatte der Regen etwas nachgelassen. Es nieselte nur noch leicht.

Ich konnte es kaum erwarten, ihn wiederzusehen, und

so lief ich hinaus in den Regen und küsste ihn durch das offene Fenster. Ich war so überglücklich, Brendan zu sehen.

»Wo bist du gewesen?«, fragte ich. »Ich bin so um sieben aufgewacht, und da warst du schon weg.«

»Ich hatte einen Arzttermin in Chicago. Du hast so friedlich geschnarcht, da wollte ich dich nicht wecken.«

Ich zog eine beleidigte Miene. »*Ich* schnarche nicht.«

»Nein, natürlich nicht«, sagte Brendan und setzte sein charmantestes Grinsen auf.

Aber ich ließ mich nicht ablenken. »Was hat der Arzt gesagt?«

Brendan blinzelte nervös; offenbar musste er sich die Antwort erst noch zurechtlegen. »Der Tumor ist gewachsen«, sagte er schließlich. »Nicht gerade eine gute Nachricht, fürchte ich. Aber auch keine allzu große Überraschung.«

Dann legte er die Hand auf seine linke Wange und trommelte mit den Fingerspitzen auf den Wangenknochen. »Meine Beweglichkeit ist schon leicht beeinträchtigt, Jennifer. Und mein Gesicht wird langsam taub. *Das* hier spüre ich zum Beispiel nicht.«

Ich strich ihm sanft über die Wange.

»Tut mir Leid. Das kann ich auch nicht spüren. Aber ich liebe es trotzdem, wenn du mich berührst. Ich liebe alles an dir, Jennifer. Vergiss das niemals.«

Als Brendan aus seinem Jeep ausstieg, hatte er Mühe, das Gleichgewicht zu halten. Beinahe wäre er gestürzt. Ich war schockiert, und mir wurde plötzlich klar, wie schlimm dieser Tag für ihn gewesen sein musste. Doch er lächelte und berührte zärtlich mein Gesicht. »Ich brauche jetzt erst mal ein Nickerchen. Ich denke, ich gehe rüber zu Shep. Bis nachher dann, Jen.«

»Kommst du klar?«, fragte ich. Ich hätte gerne seinen Arm genommen, ich wollte ihm irgendwie helfen, aber ich hatte Angst, dass er etwas dagegen haben könnte.

»Aber sicher. Ich bin bloß müde. Mir geht's gut, ich brauche nur ein bisschen Schlaf.«

Es war erst vier Uhr nachmittags, aber ich legte mich trotzdem mit Brendan hin. Ich wollte an seiner Seite sein, ihn spüren, ihn wissen lassen, dass ich für ihn da war. Innerlich war ich starr vor Schock – vielleicht, weil mir an diesem Tag zum ersten Mal klar geworden war, dass ich Brendan wirklich verlieren würde; weil ich eine Vorahnung davon bekommen hatte, wie es sein würde. Und es war ein entsetzliches Gefühl.

»Danke«, flüsterte er. »Bin ich müde.«

Brendan schlief unruhig. Mehrmals ballte er im Schlaf die Fäuste. Nach etwa fünfzehn Minuten schlug er die Augen auf und sah sich benommen um. »Oh Mann, Jennifer. Muss wohl eingenickt sein, wie? Mir kommt's eher vor, als wäre ich von einer Klippe gestürzt.«

Ich fragte ihn, ob er Schmerzen habe, und anstelle einer Antwort bat er mich, ihm eine Packung Tabletten aus seiner Jacke zu bringen. Als ich zurückkam, war das Bett leer, und ich hörte, wie er sich auf der Toilette erbrach. Jetzt bekam ich es wirklich mit der Angst zu tun. Darauf war ich nicht vorbereitet. Brendan hatte mir schon mehr als einmal erklärt, dass sein Zustand sich schlagartig verschlechtern könnte, aber ich hatte es vorgezogen, ihm nicht zu glauben.

»Jen, das Percocet wird mich umhauen«, sagte er, als er von der Toilette zurückkam. »Ich werde die ganze Nacht durchschlafen. Vielleicht gehst du besser nach Hause. Bitte, tu's für mich. Ich liebe dich so sehr. Und du bist das schönste Mädchen auf der Welt und nicht nur am See. Geh und lass mich eine Weile allein.«

Das kam mir etwas merkwürdig vor, aber ich konnte – oder wollte – ihm nicht widersprechen. Ich küsste Brendan auf die Stirn, auf die Wange und dann ganz leicht auf die Lippen.

»Das kann ich spüren.« Er lächelte.

Und da küsste ich ihn noch einmal.

Und noch einmal.

Um ehrlich zu sein, ich wollte überhaupt nicht mehr aufhören, ihn zu küssen.

62

Die ganze Nacht hindurch hatte ich ein sehr ungutes Gefühl. Shep war in seinem Haus in Chicago, also ging ich alle zwei Stunden hinüber, um nach Brendan zu sehen. Schließlich schlief ich doch in Sams Haus ein. Er hatte mir deutlich zu verstehen gegeben, dass er mich in dieser Nacht nicht bei sich haben wollte, und ich war der Meinung, dass ich seinen Wunsch respektieren musste.

Als ich aufwachte, war es Morgen, und ich lag allein in meinem alten Zimmer. Die Sonne brannte schon durch die dünnen Vorhänge, und meine Gedanken waren augenblicklich bei Brendan. Was ich dachte, war: *Brendan wird bald sterben.* Und ich konnte nichts daran ändern.

Ich wartete auf seinen »Urschrei« – und dann fiel es mir wieder ein. Betäubt von den Schmerztabletten, schlief er sicher noch. Ich wälzte mich aus dem Bett und zog die ersten sauberen Sachen an, die ich finden konnte – eine vom Waschen zerknitterte Khakihose und ein weißes T-Shirt. Ich verzichtete auf Socken, schlüpfte rasch in meine Turnschuhe und ging hinunter in die Küche.

Dort sah ich aus dem Fenster. Weit und breit kein nackter Mann.

Der Jeep stand in der Einfahrt, glitzernd vor Nässe. Okay, Brendan war also da. Vielleicht könnte ich ihm wenigstens Frühstück machen. Ich ging hinüber zu Sheps Haus.

Dort trat ich durch die unverschlossene Hintertür ein und rief Brendans Namen, während ich mich im Erdgeschoss umsah. Da ich ihn in der Küche und im Wohnzimmer nicht fand, lief ich den Flur hinunter zu seinem Schlafzimmer. Aber auch dort war er nicht. Das Bett war gemacht, die hübsche weiße Baumwoll-Tagesdecke darüber gebreitet.

Ich brauchte einen Moment, bis ich es kapiert hatte. Brendan war nicht im Haus. Seine Sachen waren auch weg.

Im Obergeschoss stieß ich die Tür zu der Sonnenterrasse auf, die Brendan erst kürzlich gestrichen und imprägniert hatte. Von dort oben ließ ich meinen Blick über den Garten und darüber hinaus schweifen. Nirgends eine Spur von ihm.

Panik ergriff mich, und ich versuchte dagegen anzukämpfen. Vielleicht wusste Shep ja, wo Brendan steckte. Ich rannte wieder nach unten. Meine Gummisohlen quietschten auf dem polierten Hartholzboden, als ich mich in der Küche hektisch nach dem Telefon umsah.

Und da fand ich die Erklärung – ein kleines Häufchen von Gegenständen, die gut sichtbar auf der weißen Resopal-Arbeitsfläche lagen. Offenbar für mich bestimmt. Es waren drei: ein weißer A-5-Umschlag, ein Ring mit Autoschlüsseln und eine Visitenkarte mit einem roten Vogel als Logo.

Die Karte war von Cardinal Transport, einem Taxiunternehmen aus Lake Geneva.

Die Schlüssel gehörten zu dem Jeep.

Der Umschlag war an mich adressiert. Als ich danach griff, konnte ich etwas Hartes darin tasten. Ich riss ihn an der Seite auf, und da glitt mir Brendans Uhr in die Hand. Das Herz schlug mir bis zum Hals.

In dem Umschlag war auch ein Brief.

63

Liebe Jennifer,

es ist kurz nach fünf Uhr morgens, und ich warte auf das Taxi, das mich zum Flughafen bringen soll. Du kannst dir gar nicht vorstellen, wie einsam ich mich in diesem Moment fühle. Ich weiß, du wirst gekränkt sein, weil ich mich auf diese Art und Weise davonstehle, aber bitte hör mich an, ehe du ein endgültiges Urteil fällst. Ich schreibe dir, solange ich es noch kann. Es gibt da ein paar Dinge, die ich dir sagen will, bevor es zu spät ist, und ich glaube, dass dies der beste Weg ist – jedenfalls der einzige für mich.

Weißt du noch, wie wir als Kinder das ganze Jahr über auf den Sommer hin gelebt haben? Anfang Mai war ich immer schon voller gespannter Erwartung. Ich hoffte, dass die Tage immer länger werden würden, dass die Sonne diesen Sommer immer höher und höher steigen und dort bleiben würde. Dass es so wäre wie in den Ländern des Nordens – der ganze Sommer ein einziger langer Tag. Dann wurde es Juni, und die Tage waren tatsächlich länger. Aber nach dem Nationalfeiertag am 4. Juli begann die Nacht sich das verlorene Terrain zurückzuerobern, und wir mussten die Dualität von Licht und Dunkelheit akzeptieren.

Und genauso hatte ich auch gehofft und gebetet, Jennifer, dass uns mehr Zeit bleiben würde, all die Dinge zu tun, die wir zusammen tun wollten. Ich wünschte mir einen endlosen Sommer mit dir. Aber irgendwann bricht immer die Dunkelheit herein, nicht wahr? Das ist wohl eine von diesen Tatsachen, mit denen wir leben müssen.

Wenn ich irgendetwas weiß, dann dies: Dass wir zusammengefunden haben, ist das Beste, was mir überhaupt passieren konnte. Es ist diese Gewissheit, dass einfach *alles* stimmt, und ich möchte dieses wunderbare Gefühl nicht zerstören. Ich liebe dich so sehr. Ich liebe dich über alles, Jennifer, und das meine ich so, wie ich es sage. Du bist meine Inspiration. Ich hoffe von ganzem Herzen, dass du verstehst, wie unerträglich schwer es mir fällt, dich heute Morgen zu verlassen. Nicht mit dir schwimmen zu gehen, nicht mit dir Fünf-Sterne-Blaubeerpfannkuchen zu essen. Noch nie in meinem ganzen Leben ist mir irgendetwas so schwer gefallen. Aber ich bin fest davon überzeugt, dass es das Richtige ist. Ich liebe dich so sehr, dass es mir schon wehtut, nur daran zu denken. Bitte glaube mir.

Du bist mein Sonnenschein, du bist mein endloser Sommer.

Brendan

Dritter Teil

Abschied von Lake Geneva

64

Nachdem ich Brendans Brief gelesen hatte, war meine Kehle wie zugeschnürt, und die Tränen strömten mir nur so übers Gesicht. Ich wurde den Gedanken nicht los, dass alles irgendwie meine Schuld war. Genau wie es auch meine Schuld gewesen war, dass Danny allein war, als er in Hawaii den Tod gefunden hatte. Ich streifte Brendans Uhr über mein Handgelenk. Dann rief ich in Sheps Anwaltskanzlei in Chicago an. Ich sagte seiner Sekretärin, dass ich ihn dringend sprechen müsse. Endlich hörte ich Sheps vertraute, beruhigende Stimme am anderen Ende der Leitung.

»Shep, Brendan ist verschwunden«, brachte ich stockend hervor.

»Ich weiß, Jen. Ich habe heute Morgen mit ihm gesprochen. Es ist das Beste.«

»Nein, das ist es nicht«, entgegnete ich. »Sag mir, was los ist. Was hat er vor?«

Shep druckste ein wenig herum, dann wiederholte er ein paar Argumente aus Brendans Brief. Dass Brendan mir die letzte Phase seiner Krankheit ersparen wolle. Dass er mich liebe und dass es ihm unendlich schwer gefallen sei, zu gehen. Und dass Brendan Angst habe.

»Ich muss ihn sehen«, sagte ich zu Shep. »So darf es nicht enden. Das werde ich nicht zulassen, Shep. Ich komme zu dir nach Chicago, wenn es sein muss.«

Ich konnte Shep schwer seufzen hören. »Ich kann mir vorstellen, wie schlimm das für dich ist, aber ich musste Brendan versprechen, dass ich es dir nicht sage. Ich habe ihm mein Wort gegeben.«

»Shep, ich *muss* ihn wiedersehen. Habe ich denn in dieser Sache gar nichts zu sagen? Es ist nicht richtig, dass Brendan diese Entscheidung ohne mich getroffen hat.«

Es war still am anderen Ende, und ich fürchtete schon, dass Shep einfach auflegen würde. Aber dann antwortete er doch. »Ich habe es ihm versprochen. Du bringst mich da in eine unmögliche Zwangslage. – Ach, hol's der Kuckuck, Jennifer … Er ist auf dem Weg in die Mayo Clinic.«

Ich konnte nicht glauben, was ich da hörte. »Was hast du gesagt? Er geht ins Krankenhaus?«

»Mayo ist die beste Adresse für so etwas«, erklärte Shep. »Brendan wird morgen früh operiert.«

65

Ich war schrecklich aufgewühlt, genau wie vor anderthalb Jahren. Damals war ich auf dem Weg zum Krankenhaus in Oahu gewesen, um Dannys Leiche zu sehen. Jetzt saß ich in meinem Wagen und raste auf der I-94 Richtung

Süden, und meine Gedanken rasten ebenfalls. Als die Straße sich gabelte, wechselte ich auf die I-294 Richtung O'Hare.

Mit dem Handy rief ich Sam an und erklärte ihr die Situation, so gut ich konnte. Sie sagte, ich sei die tapferste Frau, die sie kenne, und sie sei sehr stolz auf mich. Und dann weinten wir zusammen am Telefon – ganz wie früher.

Die Leute müssen mich angestarrt haben, als ich in die Maschine nach Rochester, Minnesota stieg. Ich bewegte mich wie in Trance, meine Augen waren geschwollen und knallrot.

Gut anderthalb Stunden später saß ich in einem Mietwagen und war auf dem Weg zur Mayo Clinic. Bald, so hoffte ich, würde ich Brendan sehen – und er war genau da, wo ich ihn haben wollte: in einer der besten Krebskliniken der Welt.

66

Durch eine gläserne Drehtür gelangte ich in die luftige, in kühlen Grüntönen gehaltene Eingangshalle des zur Mayo Clinic gehörenden Saint Marys Hospital, einen riesigen Raum mit hohen Marmorwänden und frei stehenden Säulen. In diesem Krankenhaus sollte Brendan operiert werden. Ich ging zur Rezeption, erklärte, wer ich war, und fragte nach dem Weg zu seinem Zimmer.

Als Antwort bekam ich zu hören: »Dr. Keller hat sich heute Morgen angemeldet. Er wird morgen früh um sechs Uhr im Joseph Building eintreffen. Er ist noch nicht hier.«

Offenbar war mir die bittere Enttäuschung deutlich anzusehen, denn nun griff die junge Frau hinter dem Tresen – sie mochte Mitte zwanzig sein – nach einem Ordner, schlug ihn auf und fuhr mit dem Zeigefinger über eine Liste von Namen. Dann blickte sie zu mir auf.

»Er sagte, dass möglicherweise jemand kommen und nach ihm fragen würde.«

Ich wusste nicht, was ich darauf erwidern sollte. »Na ja, das ist ja jetzt der Fall. Ich bin hier und frage nach ihm.«

»Dr. Keller übernachtet im Colonial Inn, 114 Second Street Southwest.«

Ich ließ mir eine Wegbeschreibung geben, und kurz darauf saß ich wieder in meinem Mietwagen. Doch während die Minuten verstrichen, steckte ich im Rushhour-Verkehr fest. Damit hatte ich in Rochester nun nicht gerechnet. Aber schließlich hatte ich wieder freie Fahrt, und einige Minuten später erreichte ich das Colonial Inn. Ich zitterte wie Espenlaub.

An der Tür von Zimmer 143 klopfte ich an. Es kam keine Antwort.

»Brendan, bitte«, sagte ich. »Ich bin extra den weiten Weg gekommen. Ich bin's, Jennifer ... das hübscheste Mädchen vom Lake Geneva – erinnerst du dich?«

Die Tür ging langsam auf, und da stand Brendan in voller Lebensgröße vor mir. Einsfünfachtzig, breitschultrig und scheinbar fit wie eh und je. Seine Augen waren so blau wie der Himmel im Norden an einem Julitag. Er schloss mich in die Arme.

»Hallo, Scout«, flüsterte er. »Du hübschestes Mädchen von Rochester, Minnesota.«

67

»Ich war richtig sauer auf dich«, gestand ich, als ich Brendan endlich im Arm hielt.

»Und jetzt? Was empfindest du jetzt, Jennifer?«

»Ich kann deinem Charme nun mal nicht widerstehen.«

»Mir war gar nicht bewusst, dass ich meinen Charme eingesetzt hatte«, sagte er.

»Ich weiß. Du bist eben einfach so. Und es hat etwas mit deinen blauen Augen zu tun.«

Wir standen noch eine Weile schweigend in der Tür und hielten uns eng umschlungen. Erst als wir uns aus der Umarmung lösten und ich mir Brendan genauer ansah, bemerkte ich, dass seine Augen halb geschlossen waren, dass seine Bewegungen deutlich verlangsamt und ein wenig unsicher waren – waren das Nebenwirkungen der Schmerztabletten oder Symptome seines Tumors? Wir setzten uns auf die Couch, und ich strich ihm über das wellige Haar.

»Bist du jetzt zufrieden?«, fragte er.

»Das kannst du laut sagen«, antwortete ich.

»Mein Gott, du hast mir so gefehlt«, sagte er. Wir küssten uns.

Dann lehnte Brendan sich zurück und starrte an die Decke. Er schien ganz weit weg. »Willst du wissen, wie morgen der Ablauf ist?«, fragte er.

Ich nickte. Ihm war offensichtlich klar, dass ich nicht vorhatte, wieder abzureisen.

Er legte seine Hand auf mein Knie. »Ich muss um sechs im Krankenhaus sein. Pünktlich. Adam Kolski fängt um sieben mit der Operation an. Er ist ziemlich gut.«

»Ziemlich gut?«

»Er ist *wirklich* gut. Um nicht zu sagen *göttlich*«, verbesserte sich Brendan. Und da war plötzlich wieder sein umwerfendes Lächeln. »Selbstverständlich habe ich mir den Besten ausgesucht, was denkst du denn?«

»Das hört sich schon besser an«, sagte ich. Und dann konnte ich endlich auch wieder lächeln.

»Ich muss dich aber warnen. Nach der OP werde ich aussehen, als hätte man mich mit einer Kanone in eine Backsteinmauer gefeuert. Mit dem Kopf voraus. Das heißt, *wenn* alles gut geht. Ich hoffe, du liebst meinen Charme wirklich so sehr und dieses gewisse Etwas in meinen Augen.«

»Ich liebe alles an dir«, sagte ich. »Und besonders liebe ich an dir, dass du dich zu der Operation entschlossen hast.«

Brendan küsste mich wieder, und ich schmolz dahin.

Und dann sagte er: »Komm, lass uns hier verschwinden. Ich zeige dir Rochester. Und falls du dich jetzt fragst, ob das ein Date ist – ja, das ist es.«

68

»Ein Date.« Das war typisch Brendan, und es erinnerte mich wieder einmal an all das, was unsere Beziehung so einmalig machte. Wir hatten beide die gleiche unbändige Lebenslust, wir konnten uns für dieselben Dinge begeistern und über dieselben Dinge aufregen. Wir hatten viele gemeinsame Interessen und einen ganz ähnlichen (ziemlich albernen) Humor. Und dabei war es doch so unendlich schwer, jemanden zu finden, der wirklich zu einem passte. Manchmal schien es geradezu unmöglich. Und für manche Menschen *ist* es wohl auch unmöglich.

Ich saß am Steuer, und Brendan sagte mir, wie ich fahren musste. Nach vier oder fünf Kilometern – wir waren jetzt in der Nähe des Krankenhauses – wies er mich an, nach einem Parkplatz Ausschau zu halten. Wir fuhren durch eine kleine Seitenstraße, die für einen Abend mitten in der Woche ungewöhnlich belebt war.

»Was gibt es denn hier Besonderes?«, fragte ich.

»Stephen Dunbar's Pub«, antwortete Brendan. »Da haben wir nach der Arbeit immer Dampf abgelassen, als ich hier Assistenzarzt war. Und dorthin möchte ich dich jetzt zu unserem Date einladen.«

»In eine Bar?«, fragte ich verwundert. »Stephen Dunbar's Pub?«

Er nickte. »Ich denke, ich sollte heute Abend lieber nichts trinken«, sagte er. »Aber *tanzen* sollte ich auf jeden Fall!«

Das Lokal war ungefähr zur Hälfte gefüllt; die Atmosphäre war angenehm, und einige Paare tanzten zu einer Ballade von den Red Hot Chili Peppers, die ich sehr mochte – »Under the Bridge«.

Brendan nahm mich gleich in die Arme. »Ich mag diesen Song«, flüstere er mir ins Ohr. Schon waren wir auf der Tanzfläche. »Und ich mag es ganz besonders, mit dir zu tanzen.«

Und dann hörte ich ihn flüstern: »Danke für Jennifer. Sie ist die Traumfrau für mich. Sie ist alles, was ich mir vom Leben erhofft habe.«

Es klang wie ein Gebet. »Ich habe dich einmal beim Beten beobachtet«, gestand ich. »In der Küche von Sheps Haus.«

»Es war genau dieses Gebet«, erwiderte Brendan und zwinkerte mir zu. »Das habe ich den ganzen Sommer lang immer wieder gesagt.«

Wir tanzten zu sämtlichen langsamen Songs, die die Jukebox hergab, und dann noch zu ein paar schnellen. Ich wollte Brendan nie mehr loslassen, nicht einmal eine Minute lang.

»Was will man mehr?«, fragte er. »Ein Date mit meinem Schatz in der Stadt, in der ich studiert habe, und dann auch noch in meiner alten Stammkneipe.«

Ich fühlte mich Brendan so unglaublich nahe, ich war

so verliebt in ihn – und das machte den Gedanken an das, was am nächsten Morgen passieren würde, unerträglich. So sehr ich mich dagegen sträubte, ich konnte nicht verhindern, dass mir die Tränen in die Augen stiegen. »*Musst* du so süß sein?«, fragte ich.

»Keine Tränen bitte«, sagte er und wischte sie mir weg. »Wer wird denn schon aus Liebe weinen?«, fügte er lachend hinzu und zuckte dann beinahe entschuldigend mit den Achseln. Brendan konnte immer lachen. Über alles und in jeder Situation – selbst in dieser.

Wir tanzten noch einmal, zu einem alten Song von Smokey Robinson and the Miracles. »Wenn wir das alles hinter uns haben«, sagte er, »dann lass uns verreisen. Ich war noch nie in Florenz oder in Venedig. China, Afrika – es gibt so viel zu sehen auf der Welt, Jen.«

Das war schon wieder zu viel für mich. »Ich kann nichts dafür, tut mir Leid. Normalerweise bin ich nicht so sentimental«, sagte ich.

»Ach, in dieser Situation ist das doch kein Wunder. Küss mich noch mal. Küss mich einfach immer wieder. So lange, bis ich unters Messer muss.«

Also küssten wir uns wieder. Aber irgendwann fuhren wir dann doch zurück ins Colonial Inn. Ich dachte, Brendan würde auf der Stelle ins Bett fallen und einschlafen. Aber ich hatte mich geirrt.

»Jeden Tag von Sonnenaufgang –«, begann er, und ich vollendete den Satz: »– bis uns die Augen zufallen.«

Gegen drei Uhr schliefen wir endlich eng umschlungen

ein, die Finger ineinander verschränkt, mein Kopf auf seiner Brust. *So soll es sein. Ganz genau so. Noch viele, viele Jahre lang.*

Und dann läutete der Wecker.

69

Brendan beugte sich zu mir hinunter und gab mir einen Kuss auf die Lippen. Er war schon fast fertig angezogen. »Die Sonne geht gerade auf«, sagte er. »Wie wär's mit ein paar Runden im See?«

»Mach jetzt keine Witze, Brendan – auch nicht, wenn sie gut sind. Okay?«

»Meine Chancen, mit GBM länger als drei Jahre zu überleben, sind –«

Ich fuhr ihm über den Mund. »Also schön, Witze sind erlaubt. Witze sind gut.« Ich rückte näher zu ihm hin und küsste ihn. »Ich liebe dich.«

»Ich liebe dich auch. Wahrscheinlich vom ersten Augenblick an, als ich dich dort am See gesehen habe. Du warst und bist das schönste Mädchen der Welt. *Der Welt* – kapiert?«

»Kapiert.« Ich lächelte. »Ist natürlich nur deine Privatmeinung.«

»Stimmt auffallend. Aber in diesem Fall habe ich zufällig Recht.«

Ich war mir eigentlich sicher, dass ich in diesem Moment

meine Gefühle unter Kontrolle hatte, und war deshalb nicht darauf vorbereitet, dass mich eine solche Kleinigkeit wieder aus der Bahn werfen würde. Ich sah, dass Brendans Hände stark zitterten, als er sich bückte, um seine Schuhe anzuziehen – neue Schuhe, die wie Nike-Crosstrainers aussahen, es aber nicht waren. Statt Schnürsenkeln hatten diese Schuhe Klettverschlüsse. *Brendan konnte sich nicht mehr die Schuhe zubinden.*

Er blickte auf und sah, dass ich ihn beobachtete. »Ich *mag* diese Schuhe.«

Da flackerte ein Bild vor meinem geistigen Auge auf: Brendan, wie er an einem Sommermorgen mit kräftigen Zügen den See durchschwamm. Und jetzt konnte er nicht einmal mehr seine Schuhe schnüren. Es tat mir in der Seele weh. Brendan wusste, was ihm bevorstand: die Schmerzen, die qualvollen Nachwirkungen, die sehr reale Möglichkeit, dass er sterben würde.

Ich schlang die Arme um seinen Hals. »Es wird alles gut«, sagte ich. Es musste einfach.

Keine zwanzig Minuten später trat ich mit Brendan aus dem Hotel hinaus in den dunstigen Morgen. Er stand eine Weile schweigend da, einen Arm auf das Autodach gelehnt, und ich dachte, wie gesund er rein äußerlich immer noch wirkte. Er sah sich um: das blinkende Neonschild eines Cafés, eine Natursteinkirche auf der anderen Straßenseite; es war, als wollte er sich jedes Detail einprägen.

»Hübsches Café, hübsche Kirche, *sehr* hübsches Mädchen«, sagte er. Dann stieg er auf der Beifahrerseite ein. Seine Bewegungen waren etwas steif. Ich hörte das Klicken des Sicherheitsgurts. Brendan war bereit zur wichtigsten Fahrt seines Lebens.

»Auf geht's, mein Engel. Wir haben einen Termin mit dem Schicksal, wenn ich mich nicht irre.«

Nicht oft in diesem Sommer waren wir so schweigsam gewesen wie jetzt. Vom Colonial bis zur Tiefgarage von Saint Marys brauchten wir zu dieser frühen Stunde nur wenige Minuten. Mit dem Lift fuhren wir in die Eingangshalle, und von dort gelangten wir durch einen Korridor mit Buntglasfenstern zum Joseph Building. Hier sollte Brendan auf die Operation vorbereitet werden.

Brendan blieb stehen und legte mir die Hände auf die Schultern. Er beugte sich vor, sah mir tief in die Augen und sagte:

»Ich glaube, jetzt fallen mir auch keine Witze mehr ein, Jennifer. Hast du was dagegen, wenn ich dir einfach noch mal sage, dass ich dich liebe?«

»Nein. Bitte sag es.« *Solange du nur weiterredest. Solange du mich nicht allein lässt.*

»Ich liebe dich so sehr, Jennifer. Ganz egal, was mit mir passiert, du sollst wissen, dass du ganz fantastisch warst. Du hast mir geholfen, stark zu sein – mehr als du ahnst. Du hast alles getan, was menschenmöglich war, und noch ein bisschen mehr ... *Jennifer?*«

»Ich weiß«, erwiderte ich schließlich. »Ich habe verstanden.« Ich drückte ihn noch fester an mich. Obwohl ich die Lider fest zusammengepresst hatte, rannen mir wieder die Tränen über die Wangen.

»Du lässt mich weinen«, brachte ich schließlich hervor.

»Mmh. Ja. Weil es mir nämlich genauso geht.«

Ich sah ihm in die Augen und stellte fest, dass er mindestens so verheult aussah wie ich. Brendan beugte sich vor und küsste meine Wangen, meine Augen, dann meine Lippen. Ich liebte seine Küsse so sehr, ich liebte alles an ihm. Ich wollte ihn nicht gehen lassen.

»Es ist doch nie genug Zeit, oder?«, sagte er. »Ich glaube, ich muss los. Ich bin schon spät dran, Jennifer.«

Im vierten Stock wurden wir von der Stationsschwester in Empfang genommen, einer stämmigen Frau mit starken, sommersprossigen Armen. Sie blätterte in einem Stapel Papiere und rief dann einen Pfleger, der mit einem Rollstuhl kam. In diesem Moment verdrängte ein Gedanke schlagartig alle anderen in meinem Kopf – der Gedanke, dem ich bisher nicht hatte ins Auge blicken können. *Ich sehe Brendan vielleicht nie wieder. Das könnte das letzte Mal sein.*

»Ich liebe dich«, sagte ich. »Ich werde hier warten. Ich werde hier warten, wo ich jetzt stehe.«

»Ich liebe dich, Jennifer«, sagte Brendan. »Wie könnte ich das schönste Mädchen auf der ganzen Welt nicht lieben? So oder so, wir werden uns wiedersehen.«

Er lächelte sein wunderbares Lächeln und reckte beide Daumen nach oben, als der Pfleger ihn schon den langen Korridor entlangschob, der zur Chirurgie führte. Und dann ließ Brendan plötzlich einen seiner berüchtigten Kopfsprung-in-den-See-Urschreie los.

Ich klatschte in die Hände und lachte. »Tschüss«, rief ich. »Bis bald!«

Brendan sah sich um und lächelte wieder.

Kurz bevor er aus meinem Blickfeld verschwand, rief er aus voller Kehle: »Bis bald!«

70

Bis bald.

Wenn das doch nur wahr wäre.

Ich hatte mich gerade auf einen gepolsterten Stuhl in einer Ecke des Wartezimmers sinken lassen und im Geiste die Operation durchzugehen begonnen, die sich sechs Stockwerke unter mir vollzog, als Shep mit Brendans Eltern hereinkam, die ich noch nicht kannte.

»Er wollte nicht, dass wir kommen«, sagte Mrs. Keller. »Er will es uns leichter machen. Das denkt er jedenfalls.«

»So war er schon immer«, meinte Brendans Vater. »Auf der High School hat er sich einmal die Hand gebrochen und uns nichts gesagt, bis sie fast wieder verheilt war. Ich heiße übrigens Andrew, und das ist Eileen.«

Wir umarmten uns alle, und dann fingen Brendans Eltern an zu weinen. Es rührte mich, zu sehen, wie sehr sie ihren Sohn liebten.

Der Rest des Tages verging quälend langsam. Alle paar Minuten sah ich auf Brendans Uhr. Die Zeiger schienen sich kaum von der Stelle zu bewegen. Brendans Vater erzählte Witze, was mich nicht weiter überraschte. Am besten gefiel mir dieser: »Woran erkennt man einen extrovertierten Computerfreak? Er guckt die ganze Zeit auf *deine* Schuhe.«

Andere Besucher kamen und gingen; manche weinten, die meisten sahen besorgt aus. Über den Fernsehbildschirm flackerten unentwegt die aktuellen Bilder der Nachrichtensendungen.

Während wir dasaßen und warteten, überlegte ich, ob Shep vielleicht Doc war. Aber er hatte seine Kinder nicht allein großgezogen. Also war er *nicht* Doc – es sei denn, Sam hätte mich an der Nase herumgeführt.

Gegen vier verließ ich für eine Weile das Wartezimmer. Ich schlenderte hinunter zum »Friedensgarten« auf dem Gelände von Saint Marys, wo inmitten bunter Blumenbeete eine Statue des heiligen Franziskus stand. Von irgendwoher erklang ein Glockenspiel; es spielte eine bezaubernde Version von »Amazing Grace«. Ich kniete nieder und betete für Brendan. Dann rief ich Sam an und erzählte ihr, wie der Tag bisher verlaufen war.

Schließlich kehrte ich ins Wartezimmer zurück. Mein Timing war optimal. Zehn Stunden, nachdem ich Brendan zum Abschied geküsst hatte, erschien ein junger Arzt mit dunklem Haar und einem pausbäckigen Engelsgesicht, der sich als Adam Kolski vorstellte. Er wirkte kaum alt genug, um als ausgebildeter Chirurg durchgehen zu können, geschweige denn als »göttlicher« Operateur.

Ich versuchte seinen Gesichtsausdruck zu deuten, doch mein journalistischer Instinkt ließ mich an diesem Tag im Stich.

»Es ist so gut gelaufen, wie wir es uns nur wünschen konnten«, sagte Dr. Kolski. »Brendan hat die Operation überlebt.«

71

Die Besuchszeit auf der Intensivstation war auf wenige Minuten beschränkt, und man durfte nur einzeln hineingehen. Nachdem die Kellers und Shep bei Brendan gewesen waren, kam ich endlich auch an die Reihe. Adam Kolski ging mit mir hinein, um nach seinem Patienten zu sehen. Vorher warnte er mich noch: »Es geht ihm besser, als sein Aussehen vermuten lässt.«

Brendan war noch nicht bei Bewusstsein. Sein Kopf war in Bandagen gehüllt, sein Gesicht dunkelblau angelaufen. Dr. Kolski erklärte, dass sie Brendan einen Tubus gelegt hätten und dass die Maschinen ihn am Leben halten würden, falls es zu Komplikationen käme.

Brendan hatte einen Schlauch in der Nase und einen weiteren im Hals; aus dem Tropf sickerten Salzlösung und Sedativa in seine Venen; ein Katheter leitete den Urin in einen Beutel unter dem Bett. Sein Körper war mit Elektroden gepflastert, die Daten über seine Vitalfunktionen an eine Reihe von Monitoren sendeten; außerdem hatte er an einem Arm eine Blutdruckmanschette, die sich automatisch aufpumpte und leerte.

»Er lebt«, flüsterte ich. »Das ist das Einzige, was zählt.«

»Er lebt«, wiederholte Dr. Kolski und klopfte mir auf die Schulter. »Das hat er für Sie getan, Jennifer. Er hat mir gesagt, Sie seien es wert – und noch mehr als das. Reden Sie mit ihm. Sie sind vielleicht genau die Medizin, die Brendan jetzt braucht.«

Dann ging Kolski hinaus, und ich war mit Brendan allein. Ich nahm die Uhr ab, die er mir geschenkt hatte, und band sie ihm vorsichtig ums Handgelenk, gleich neben dem Plastikarmband mit seinem Namen. Ich drückte seine Hand und beugte mich zu ihm herab, bis mein Gesicht ganz nahe an seinem war.

»Ich bin hier bei dir«, sagte ich. Ich wünschte mir ganz fest, dass er meine Stimme hören konnte. »Ich wollte dir nur sagen, dass ich keine Minute missen möchte, die ich in diesem Sommer mit dir verbracht habe. *Aber am allerwenigsten diese.*«

72

Es kam mir vor, als hätten meine kostbaren fünf Minuten mit Brendan nur fünf Sekunden gedauert. Ich hielt seine Hand, doch dann wurde ich von einer freundlichen, aber resoluten Schwester hinausbefördert. Wie benommen betrat ich wieder das Wartezimmer.

Die Kellers und Shep wollten mich zum Essen einladen, doch ich war psychisch und physisch völlig ausgelaugt. Und ich konnte Brendan einfach nicht allein lassen. Nachdem die anderen gegangen waren, sank ich auf einen Stuhl und ließ meinen Tränen freien Lauf. Den ganzen Tag über hatte ich mich beherrscht, aber jetzt hatte ich keinen Grund mehr, meine Gefühle zu unterdrücken. Alle möglichen Gedanken und Stimmen schwirrten mir im Kopf herum. *Brendan könnte bald sterben.* Dann würden all die wohlmeinenden Menschen sagen: »Jennifer, du bist noch jung. Du kannst trauern, aber das Leben geht weiter. Du darfst dich der Liebe nicht verschließen.«

Aber das tat ich doch nicht – *Ich liebte Brendan!* Ich hatte mich der Liebe nicht verschlossen, und was hatte ich nun davon? Ich trocknete mir das Gesicht mit Papiertaschentüchern ab und starrte die leeren Stuhlreihen im harschen weißen Licht des Wartezimmers an. Durch das Fenster zur Straße drang gedämpfter Verkehrslärm an mein Ohr. Ich fühlte mich so allein in diesem Krankenhaus.

Die Minuten verstrichen im Schneckentempo. Nach einer

halben Ewigkeit war gerade einmal eine Stunde vergangen. Ich hätte gerne Sam angerufen, aber dafür war es zu spät.

Schließlich griff ich in meine Handtasche und kramte den letzten Stapel ihrer Briefe hervor. Ich knotete den zerfransten roten Faden auf und fächerte die Briefe auseinander. Mein Name zierte jeden einzelnen Umschlag, geschrieben in ihrer gestochen klaren, unverwechselbaren Handschrift.

Ich holte mir eine Tasse Kaffee aus dem Automaten und rührte mehrere Tütchen Zucker hinein. Dann öffnete ich den ersten Umschlag. »Ich muss deine Stimme hören, Sam«, sagte ich.

Im unbarmherzigen weißen Licht des Krankenhaus-Wartezimmers machte ich mich daran, den Schluss von Sams Geschichte zu lesen.

73

Und dann, liebe Jen,

dann geschah etwas, das unser Leben von einem Tag auf den anderen völlig veränderte.

Es war an einem irrsinnig heißen Tag im August, als Doc an meine Küchentür klopfte. Als ich ihn da stehen sah, fing mein Herz gleich an zu pochen, als wollte es meine Brust sprengen. Ich war vollkommen verblüfft und auch ein wenig erschrocken. Jennifer, das war das allererste Mal, dass er einfach so am helllichten Tag bei mir zu Hause aufkreuzte.

»Ist etwas passiert?«, fragte ich. »Dir fehlt doch hoffentlich nichts? Was ist los?«

Doch er sagte nur: »Komm, steig ein, wir machen eine kleine Tour.«

»Jetzt sofort? So, wie ich bin?«

»Ja. Du siehst prima aus, Samantha. Ich habe eine Überraschung für dich.«

»Eine angenehme Überraschung?«

»Die angenehmste, die ich dir nur bieten kann. Darauf habe ich schon lange gewartet.«

Was immer er im Schilde führte, mit meinem verdreckten Overall und den Gartenstiefeln war ich mit Sicherheit nicht passend gekleidet. Also bat ich ihn herein und ging nach oben, um mich umzuziehen. Eine Viertelstunde später kam ich wieder herunter. Ich trug jetzt ein hübsches blaues Leinenkleid, hatte meine Frisur gerichtet und sogar ein wenig Lippenstift aufgelegt.

Doc lächelte, als er mich erblickte. »Mein Gott, du siehst umwerfend aus«, sagte er. Das hätte er natürlich auch gefunden, wenn ich einen Müllsack übergestreift und mir einen alten Kochtopf als Hut aufgesetzt hätte. Ich sagte es ihm, und wir mussten beide lachen, weil es ganz einfach stimmte.

Und dann fasste er mich an beiden Händen. »Samantha, ab heute wird alles anders.«

»Und *was* anders wird, willst du mir nicht sagen?«, fragte ich.

»Nein, ich will es dir zeigen.«

Er war nicht nur enthusiastisch, er tat auch sehr geheimnisvoll, Jen, und das machte das Ganze noch besser. Ich war ja schon ganz aufgeregt wegen des unverhofften Wiedersehens, und wenn ich ihn anschaute, konnte ich sehen, wie glücklich er war.

Und außerdem liebe ich Überraschungen!

74

Jennifer, liebste Jennifer,

in der Stadt war die Hölle los. Es war die Woche des »Venezianischen Festivals«, und die Straßen waren zum Bersten voll mit Touristen, die zu unserem großen alljährlichen Sommerabschlussfest an den See gekommen waren. Doc stellte den Wagen einen Block nördlich der Main Street auf einem städtischen Parkplatz ab und steckte eine ganze Hand voll Vierteldollars in die Parkuhr. Wir gingen also offenbar zum Jahrmarkt, und wie es aussah, würden wir länger bleiben.

»Ist das deine Überraschung?«, fragte ich. »Dass diese Woche Jahrmarkt ist, hatte ich nämlich irgendwie schon mitbekommen.«

»Das ist doch nur der Hintergrund«, erwiderte er. »Sei nicht so neuneinhalbmalklug.« Das war eines von Docs Lieblingswörtern – wenn es denn ein Wort ist.

Von der Achterbahn tönte das Gejohle und Gekreische der Kinder, es duftete nach Popcorn und Zuckerwatte, und mir wurde schlagartig klar, dass ich hier einen Moment erlebte, von dem ich nie geglaubt hätte, dass er einmal Wirklichkeit werden könnte. Doc und ich schlenderten doch tatsächlich Hand in Hand mitten durch Lake Geneva! Ich sah zu ihm auf, und mein Gesicht war ein einziges Fragezeichen. »Ist das deine Überraschung? Dann ist sie dir wirklich gelungen. Bist du sicher, dass wir uns nicht mehr verstecken müssen?«

Doc erzählte mir, dass er gerade seinen Jüngsten an der Vanderbilt University abgeliefert hatte. »Das Nest ist leer. Jetzt ist endlich Schluss mit *Mr. Mom*«, sagte er. »Ich bin frei.«

Plötzlich schloss Doc mich in die Arme und küsste mich – auf offener Straße im Zentrum von Lake Geneva! So viel Liebe lag in seinem Kuss, dass mir die Tränen aus den Augen quollen.

Er sah mich an. »Ich frage mich, ob irgendjemand je eine Liebesgeschichte wie unsere erlebt hat, Samantha. Ich kann es mir eigentlich nicht vorstellen.«

»Ich auch nicht – und das macht es so einmalig.«

Die Sonne wärmte mein Gesicht, doch die Luft war angenehm kühl, und als ich in Docs Armen lag, fühlte ich mich so lebendig wie nie zuvor. Es war sogar noch besser als unsere Wochenenden in Copper Harbor, denn zum ersten Mal waren wir wirklich frei. Ich *schwebte*, Jennifer, aber seltsamerweise stand ich immer noch mit beiden Füßen auf dem Boden, als wir zum Library Park kamen.

In der Nähe der Kaimauer war noch eine Bank frei. Wir

sahen zu, wie die *Lady of the Lake* von den Riviera Docks ablegte, und Doc holte uns Bier und Hotdogs vom Stand der Kriegsveteranen. Bis weit nach Sonnenuntergang blieben wir dort sitzen und sahen uns die Parade der illuminierten Boote und das Abschlussfeuerwerk an.

Und jetzt kommt das Erstaunliche. Es wäre beleidigend, wenn es nicht so komisch wäre. Den ganzen Tag über redeten Doc und ich mit Leuten, die wir kannten, und kein Mensch merkte, wie wir vor Glück strahlten. Es war mir klar, woran das lag: Sie konnten sich eine Romanze zwischen uns beiden schlichtweg nicht vorstellen. Wie sonderbar rückständig die Welt doch sein kann. So viele Menschen verlieren einfach den Glauben an die Liebe, und dabei ist sie doch das Beste, was uns passieren kann.

Ich wandte mich zu Doc um und sagte ihm, wie sehr ich ihn liebte und dass ich mir keine bessere Überraschung hätte vorstellen können. Da zog er mich an sich heran. »Dann mach dich auf etwas gefasst, Samantha. Unser Tag ist noch nicht um.«

75

Docs Wagen schnurrte wie eine zufriedene Katze, als wir den Schauplatz des Festivals verließen und aus der Stadt hinausfuhren. Ich hatte nicht die geringste Ahnung, was mich erwartete – bis wir plötzlich in das Gelände des Yerkes-Observatoriums einbogen. Es war ganz still; ich hörte nichts als das Zirpen der Grillen und vielleicht das Rauschen meines eigenen Blutes in den Ohren.

Doc schnappte sich eine Wolldecke vom Rücksitz, und wie vor Jahren schon einmal schlichen wir auf Zehenspitzen über den Rasen auf das mächtige Gebäude zu. Ein Freund von Doc hatte für uns einen Schlüssel in einer Mauerritze versteckt. Wir stiegen die drei Treppen zur größten Kuppel hinauf und tauchten in den dunklen Raum ein.

»Bist du bereit?«, fragte er.

Ich lächelte. In diesem Moment fühlte ich mich offen für nahezu alles. »Ich bin schon seit Jahren bereit.«

Mit Hilfe einer kleinen Taschenlampe fand er den Hebel, der den kompletten Boden anhob, bis er etwa anderthalb Meter unter dem Okular des Teleskops zum Stillstand kam. Anschließend betätigte er verschiedene Kurbeln und Winden. Die Kuppel öffnete sich und gab den Blick auf einen breiten Streifen des Nachthimmels frei.

»Sieh dir das an, Samantha. Sieh doch nur. Der Himmel lacht auf uns herab.«

»Oh, mein Gott!«, war alles, was ich in diesem Augenblick hervorbrachte. Ich war wie verzaubert.

Doc stand direkt hinter mir und hatte die Hände auf meine Schultern gelegt. Zusammen schauten wir durch das größte Linsenfernrohr der Welt. Der Himmel war tatsächlich zum Greifen nahe. Wir waren wie geblendet von dem erhabenen Anblick. Ich wusste gar nicht, wo ich zuerst hinschauen sollte, doch dann wurden meine Augen von einer gesprenkelten roten Scheibe angezogen, die etwa den Durchmesser eines Silberdollars zu haben schien.

»Das ist der Mars«, sagte Doc.

Doc erklärte mir, dass der Mars und die Erde in dieser Nacht in Opposition standen, dass der Mars sich also genau zwischen Sonne und Erde befand. Er machte mich auf die vereisten Polkappen aufmerksam, auf die dunklen Flecken, die als *Maria* oder *Meere* bezeichnet wurden, und auf etwas, das wie ein Staubsturm aussah, der über die Oberfläche des roten Planeten jagte.

»Das letzte Mal, als der Mars der Erde so nahe war, haben die Urmenschen noch frierend in ihren Höhlen auf Neuguinea gehockt und gehofft, dass irgendwer bald mal das Feuer entdeckt«, sagte er.

Dann führte Doc mich feierlich zu der Wolldecke, die er auf dem Holzboden ausgebreitet hatte. Wir setzten uns Schulter an Schulter darauf. Ich wusste, dass jetzt etwas ganz Besonderes kam, aber ich hatte keine Ahnung, was es sein könnte. »Was wird das?«, flüsterte ich.

»Ich habe nur auf den richtigen Moment gewartet«, erwiderte er. »Du hast doch gesagt, dass du Überraschungen liebst, Samantha.«

76

»Samantha, ich bin ein solcher Glückspilz«, sagte Doc mit leiser, zärtlicher Stimme. »Ich habe dich erst ziemlich spät gefunden, aber ich liebe dich mehr als alles andere auf dieser Welt, und jetzt halte ich dich hier in meinen Armen. Du bist meine allerbeste Freundin, meine Seelenfreundin, meine Vertraute, mein liebster, liebster Schatz. Ich mag es ganz und gar nicht, wenn du nicht in meiner Nähe bist. Ich kann es immer noch nicht glauben, dass ich dich gefunden habe – oder du mich –, damals bei dieser unsäglichen Rotkreuz-Gala. Ich kann es immer noch nicht fassen, Samantha – aber hier sind wir nun.«

Ich wusste immer noch nicht, worauf das Ganze hinauslief, doch mein Herz begann wie wild zu pochen. Seit ich ihn kannte, hatte Doc mir immer wieder und oft in wunderschönen Worten gesagt, was er für mich empfand, aber in dieser Nacht rührten diese Worte mich noch mehr als sonst – sie waren leidenschaftlicher, bewegender, zärtlicher – einfach romantisch (und das ist in meinen Augen etwas Gutes!). Er hielt mir eine kleine Schachtel hin, und ich leuchtete mit der Taschenlampe darauf.

»Mach's auf«, sagte er.

Ich tat es – und bekam gleich ganz große Augen. In dem Kästchen lag ein Saphirring, besetzt mit wunderschönen kleinen Diamanten. Es verschlug mir den Atem – und zwar nicht aus dem Grund, an den du jetzt denkst. Vor Jahren einmal – und nur dieses *eine* Mal – hatte ich Doc genau diesen Ring bei Tiffany in Chicago gezeigt. Damals hatte er mich begeistert, aber jetzt trieb er mir die Tränen in die Augen. Ich konnte es nicht glauben, dass Doc sich das gemerkt hatte und mir den Ring jetzt schenkte.

Er steckte ihn mir an den Finger und sagte: »Ich liebe dich von Herzen und über alles auf der Welt … Willst du meine Frau werden, Samantha?«

Du hättest mich sehen sollen, Samantha. Die Augen gingen mir über vor Freude und Überraschung. Ich sah Docs Gesicht und dahinter den Sternenhimmel, und ich schlang die Arme um seinen Hals und drückte ihn ganz fest an mich. Ich schwöre, damit hatte ich nie und nimmer gerechnet; nie hatte ich so etwas zu hoffen gewagt.

Nur mühsam fand ich die Sprache wieder. »Ich liebe dich auch über alles. Es ist ein solches Glück, dass ich dich gefunden habe. Natürlich will ich deine Frau werden – ich wäre ja verrückt, wenn ich es nicht täte.«

Und dann sagte ich Docs wirklichen Namen, immer und immer wieder, während die Sterne auf uns herabblickten – und wir fanden, dass das Universum es alles in allem doch verdammt gut mit uns meinte.

77

Ich war eingeschlafen, nachdem ich Sams letzten, unglaublichen Brief gelesen hatte. Jetzt würde sie mir aber wirklich ein paar Fragen beantworten müssen, wenn ich wieder in Lake Geneva war. Oder vielleicht würde ich sie ja gleich noch einmal vom Hotel aus anrufen. Warum hatte sie Doc nicht geheiratet? Was war aus den beiden geworden?

Ich wachte auf, als mich jemand sanft am Arm rüttelte und meinen Namen rief. Das Morgenlicht schimmerte durch das Fenster des Wartezimmers. Ich schlug die Augen auf und erblickte Adam Kolski.

»Guten Morgen, Jennifer! Wir hätten Ihnen auch einen bequemeren Schlafplatz besorgen können«, sagte er.

»Ist alles in Ordnung mit Brendan?«, fragte ich sofort.

»Er hat die Nacht durchgeschlafen, genau wie Sie. Ich will Ihnen nicht zu viel versprechen, aber er kann seine Zehen bewegen«, antwortete er. »Er weiß seinen Namen und auch Ihren. Er hat sogar nach Ihnen gefragt.«

Jetzt war ich hellwach. »Kann ich zu ihm?«

»Natürlich. Deswegen komme ich Sie ja holen. Ich will, dass Sie mit Brendan sprechen. Ich muss wissen, ob er Sie wirklich erkennt. Kommen Sie mit.«

Kolski, der »Göttliche«, öffnete die Schiebetür von Brendans kleinem Zimmer auf der Intensivstation. »Aber nur fünf Minuten«, sagte er.

Ich konnte Brendan hinter Dr. Kolski erspähen und schob mich ungeduldig an dem Arzt vorbei. Brendan hatte einen zusammengerollten Waschlappen in der rechten Hand. Ich nahm ihm den Lappen weg und legte meine Hand in seine.

»Ich bin's, Jennifer«, flüsterte ich. »Komm, es ist Zeit für unsere morgendliche Runde im See!«

Brendan zeigte keine Reaktion, was mich nicht weiter überraschte, aber meine Zweifel wegen seines Zustands auch nicht gerade zerstreute. Ich konnte ja nicht wissen, wie sehr sein Gehirn durch die Operation geschädigt war.

»Ich bin hier. Das wollte ich dir nur sagen. Und *du* bist auch hier.«

Ich schwatzte einfach so drauflos, es war mir egal, ob es einen Sinn ergab oder nicht. Ich glaubte nicht, dass es Brendan allzu viel ausmachen würde – wenn er überhaupt meine Stimme erkannte.

Und dann geschah ein Wunder – so kam es mir jedenfalls vor. Brendan drückte meine Hand – ganz schwach nur, aber der leise Druck ließ mich erschauern. Ich senkte den Kopf. »Ich bin hier bei dir, Brendan. Versuch nicht zu sprechen. Ich rede für dich mit. Ich bin hier, mein Schatz.«

»Bist du es wirklich?«

Ich fuhr hoch und starrte Brendan an. Mein Gott – *er hatte gesprochen.*

»Ich bin hier«, sagte ich. Meine Stimme versagte fast,

so tief bewegt war ich. *Brendan hatte gesprochen.* »Kannst du das spüren? Das bin ich, die da deine Hand drückt.«

»Ich kann dich nicht sehen«, sagte er. Seine Stimme war nur ein heiseres Flüstern.

»Das liegt daran, dass deine Augen zugeschwollen sind.«

Er war lange still, und ich dachte schon, er sei wieder eingeschlafen.

»Ich hätte nicht gedacht … dass ich es überstehen würde«, sagte Brendan schließlich.

Ich konnte sehen, wie sehr er sich bemühte, nicht zu weinen, aber dann sickerten doch ein paar Tränen durch seine fest geschlossenen Lider. »Wir schaffen das schon«, sagte er.

Plötzlich überkam mich ein überwältigendes Gefühl der Dankbarkeit und der tiefen Liebe zu diesem Mann. Brendan sprach *mir* Mut zu. Er war für mich da, sogar in diesem Moment, nach seiner schrecklichen Operation. Seine Stimme kam wie aus weiter Ferne, aber es war Brendan, ohne jeden Zweifel war das *mein* Brendan. Und er wollte reden. »Ich habe an dich gedacht … wie du auf dem Steg sitzt … und nach mir Ausschau hältst … und deine Augen mit der Hand abschirmst … an dem Gedanken habe ich mich festgehalten.«

Ich sah Brendan an. Ich liebte ihn so sehr. Und dann geschah noch ein Wunder. Seine Augen öffneten sich zu dünnen Schlitzen, und mit aller Kraft brachte er ein klitzekleines Lächeln zustande.

Es war ein wenig schief, und er sah auch noch ziemlich

groggy aus, aber es war zufällig das beste Lächeln, das ich je gesehen hatte.

»Ich liebe dich so sehr«, flüsterte ich. »O Gott, ich kann dir gar nicht sagen, wie ich dich liebe.«

»Ich liebe dich noch mehr … und wehe, du widersprichst mir.«

Und in diesem Augenblick begriff ich, dass das scheinbar Unmögliche wahr geworden war – Brendan war das Leben wieder geschenkt.

78

In den folgenden Wochen empfand ich mein ganzes Leben als unendlich kostbar, und alles hatte mehr Bedeutung für mich. Die Mayo Clinic und das Lakeland Medical Center in Lake Geneva wurden sozusagen mein zweites und drittes Zuhause. Es fehlte nur noch die Krankenschwestern-Uniform.

Brendans Genesung verlief quälend langsam und mühevoll, aber von Tag zu Tag und von Woche zu Woche kam er immer mehr zu Kräften. Er war beim Personal ausgesprochen beliebt; zum einen, weil er jeden Tag eine andere komische Mütze trug, zum anderen, weil er erst nach drei Wochen damit herausrückte, dass er ein veritabler Dr. med. war – aber hauptsächlich wegen seiner charmanten und gewinnenden Art.

Und dann, an einem verregneten Morgen im Oktober,

bestellte Adam Kolski uns in sein Büro in Saint Marys. Nachdem er uns ein paar Röntgenaufnahmen gezeigt hatte, sagte er plötzlich zu Brendan, dass er nach Hause gehen könne. Er war ohne Befund.

»Und Sie dürfen auch nach Hause, Jennifer«, sagte Kolski und lächelte, was er nur äußerst selten tat.

Am nächsten Tag nahmen Brendan und ich Kurs auf Lake Geneva. Während der Fahrt nach Wisconsin war ich ganz hibbelig vor Aufregung, ein richtiges Nervenbündel. Wir wollten Sam besuchen. Sie war wieder zu Hause, aber das war noch nicht alles. Als ich sie angerufen hatte, um ihr von Brendans Entlassung aus dem Krankenhaus zu erzählen, hatte Sam gesagt, sie würde uns gerne Doc vorstellen.

Anfang Oktober war eine Jahreszeit, die ich nie sehr gemocht hatte, weil die Sonne jeden Tag ein wenig früher hinter dem Horizont verschwand. Aber dieser Oktober war eine Zeit der Freude für mich. Es gab so viel, wofür ich dankbar sein konnte. Brendan und Sam – und nun sollte ich auch noch Doc kennen lernen.

Endlich tauchte Sams Haus vor uns auf. Ich sah Henrys alten Pick-up am Gartenzaun stehen. Hmmm.

Brendan stieg aus dem Jaguar und sog die frische Seeluft tief in seine Lungen, während ich mit lauter Stimme rief: »Sam! Wir sind da! Du hast Besuch!«

Und dann ließ Brendan seinen Urschrei los – noch nicht ganz in der alten Lautstärke, aber laut genug, um die Vögel in den Baumkronen erschrocken aufflattern zu lassen.

»Wettrennen zum See?«, meinte er grinsend. Ich wusste, dass er noch ein wenig schwach war, aber er sah gesund aus, und sein berühmtes Lächeln hatte nichts von seiner Wirkung eingebüßt.

Als von Sam keine Antwort kam, ging ich ins Haus, um sie zu suchen. Ich lief von Zimmer zu Zimmer und rief immer wieder ihren Namen. Meine Schritte hallten auf den Holzdielen. In letzter Zeit bekam ich es immer ziemlich schnell mit der Angst zu tun. Es war eben zu viel Schlimmes passiert – oder vielleicht lag es auch daran, dass es zuletzt einfach *zu gut* gelaufen war.

»Jen«, hörte ich Brendan von der Veranda rufen. »Sie ist hier draußen. Auf der Seeseite.«

Mit pochendem Herzen, aufgeregt wie ein Teenager, polterte ich die Treppe hinunter und stürmte zur Hintertür hinaus. Ich sah, dass Sam unter dem alten Baum Stühle aufgestellt hatte – und sie war nicht allein.

Ein Mann saß neben ihr im Halbschatten. Er trug eine goldfarbene Baseballkappe mit einem »V«, das vermutlich für »Vanderbilt« stand. Was mir plötzlich vollkommen einleuchtend vorkam.

»Doc«, stieß ich halblaut hervor. »Ich hätte es mir denken können.«

79

So schnell ich konnte, stürmte ich über den abschüssigen Rasen in Sams ausgebreitete Arme. Es war so ein gutes Gefühl, wieder hier zu sein. Gleich darauf begrüßte Sam Brendan mit einer ausgiebigen Umarmung. Es war, als wären sie schon immer die besten Freunde gewesen.

Und dann wandte sie sich zu ihrem Traummann um. »Ich möchte dir Doc vorstellen«, sagte sie zu mir. Und an Brendan gewandt: »Das ist John Farley. Er ist übrigens auch ein Doktor – das heißt, er hat einen Doktortitel in Philosophie von der Theologischen Fakultät der Vanderbilt University. Alles fügt sich wunderbar zusammen, Jennifer. So ist das manchmal im Leben.«

Mein Gott – Reverend John Farley war tatsächlich Doc! Und er und Sam waren so ein schönes Paar. Ich freute mich so für sie – mir lachte das Herz, wenn ich sie nur ansah.

Wir machten es uns alle vier im wechselnden Halbschatten des alten Ahorns bequem. »Wow«, murmelte ich ungläubig, und meine Mundwinkel verzogen sich unwillkürlich zu einem breiten Grinsen, wenn ich Sam und John – also Doc – dabei beobachtete, wie sie Blicke und verstohlene Berührungen austauschten.

Ich schmiegte mich an Brendan, und er flüsterte mir ins Ohr: »Ich bin ganz deiner Meinung – *wow*!«

Ja, es fügte sich alles wunderbar, das musste ich wirklich zugeben. Einige Zeit später drängten wir uns alle vier in Sams Küche. Doc schälte Kartoffeln in unglaublich dünnen, schier endlosen Streifen. Brendan enthülste Erbsen und naschte zwischendurch davon. Und ich stäubte alles mit Mehl ein.

Schließlich sprach Sam ein Machtwort: »Alles raus aus meiner Küche. Zu viele Köche verderben den Brei.«

Wir lachten und verlegten die Party einfach ins Esszimmer. Vierzig Minuten später halfen wir Sam, das Essen aufzutragen. Es gab Roastbeef, Süßkartoffeln, Zwiebeln und Erbsen und als Nachtisch selbst gebackene Plätzchen.

Beim Essen stellte ich John Farley die Frage, die ich mir bis dahin aufgespart hatte. »Du hast Samantha einen Heiratsantrag gemacht. Und du, Sam, hast gesagt, du wärst verrückt, wenn du ihn abweisen würdest.« Ich sah Sam an und dann wieder ihn. »Also, was ist passiert?«

Sam sah Doc an. »Tja, ich habe sie dazu überredet, und dann habe ich es ihr wieder ausgeredet«, antwortete er.

Sam lachte. »Er hat ganz einfach ein paar gute Fragen gestellt und mich auf bestimmte Dinge hingewiesen. Wie zum Beispiel die Tatsache, dass gewisse Leute in der Stadt, die sich grundsätzlich in alles einmischen, uns mit ihren Fragen und Ansichten und ungebetenen Urteilen lästig fallen würden. Sie würden uns als die *Dornenvögel* verspotten. Darauf hatte ich, ehrlich gesagt, nicht allzu viel Lust. Wir hatten uns zu sehr daran gewöhnt, unser eigenes Leben zu führen, ohne uns in irgendetwas reinreden zu lassen. Und vielleicht hätte John mit einer Heirat auch seine Gemeinde vor den Kopf gestoßen. Ja, und dann hatte er eine richtig gute Idee.«

Er neigte den Kopf zu Sam hin. »Ich sagte: ›Wie wär's, wenn wir einfach niemandem etwas sagen? Wenn wir einfach unsere Liebe für uns behalten?‹ Wir haben darüber gesprochen, und wir haben beschlossen, genau das zu tun. Wir waren ja auch sonst immer schon ein bisschen anders.«

Sam ergriff seine Hand. »Doc und ich haben vor zwei Jahren an einem Sonntag im August geheiratet. In Copper Harbor, Michigan. Niemand weiß davon, nur ihr zwei.«

Wir hoben unsere Gläser und stießen alle miteinander an. »Auf Samantha und Doc!«, riefen Brendan und ich.

»Auf Brendan und Jennifer!«, tönte es uns entgegen.

Sam drückte mich noch einmal ganz fest, und Doc auch. Dann umarmten sie beide Brendan. Und dann saßen wir noch viele Stunden lang zusammen und erzählten. Wir sahen zu, wie die Nacht über dem See hereinbrach, und Doc erklärte uns die Sterne. Ich glaube kaum, dass Stephen Hawking es besser hinbekommen hätte. Ich war so glücklich, und ich erinnere mich an jede Sekunde dieses wunderbaren Abends am Lake Geneva. Nie werde ich diesen Tag vergessen.

Vor allem, weil keine drei Wochen darauf etwas ganz Furchtbares passierte.

80

Um es mit Sams Worten zu sagen: *So geht es eben manchmal im Leben.*

Es war Anfang November. Ich saß auf dem alten blauen Samtsofa in Sams Wohnzimmer. Brendan hielt meine rechte Hand und Doc meine linke. »Es ist alles gut«, flüsterte Doc und tippte sich mit zitternden Fingern an die Brust. »Sie ruht jetzt in unseren Herzen. Sam hat ihren Frieden.«

Alle paar Minuten hörte man das Tack-Tack einer Regenschirmspitze auf den Holzstufen der Veranda, dann das Knarren der Haustür, und dann kam wieder einer von Sams Freunden und Bekannten hereingeweht wie ein kühler Windstoß. Bald war das Haus voll mit Menschen aus Lake Geneva, Chicago und sogar Copper Harbor, und alle schauten sie beklommen drein, als ob sie noch nicht recht fassen könnten, weshalb sie hier waren.

Wohin ich auch schaute, überall entdeckte ich Spuren von Sam.

In den himmelblauen Augen meines Cousins Bobby, in den Familienfotos an den Wänden, im tränennassen Gesicht meiner Tante Val, als sie durch das Panoramafenster auf die raue, regengepeitschte Wasserfläche des Sees hinausstarrte. Es war so traurig und so ungeheuer schwer zu glauben, dass ein Mensch, der in seinem Leben so viele Menschen zusammengeführt hatte, nicht mehr unter uns war.

Schließlich beugte Doc sich zu mir herüber. »Wenn du so weit bist, sollten wir vielleicht langsam anfangen. Samantha würde nicht wollen, dass wir die Leute so lange warten lassen.«

Als Doc über seine Samantha zu sprechen begann – ohne dabei ihr unglaubliches Geheimnis zu enthüllen –, schmiegte ich meine Wange fest an Brendans Schulter. Doc war so tapfer, wie er da stand und zu den Leuten redete; er fand so wunderbare Worte – und niemand außer mir und Brendan wusste, wie bewegend sie tatsächlich waren. Während ich ihm zuhörte, musste ich an all die Menschen denken, die ich geliebt hatte und die gestorben waren – Opa Charles, meine Mutter, Danny. Brendan hielt mich zärtlich im Arm, und zusammen hörten wir uns an, wie zuerst Doc und dann Sams andere Freunde von ihren schönsten Erlebnissen mit Sam und ihren Erinnerungen an sie sprachen.

Dann trat eine Pause ein, und nach einer Weile flüsterte Brendan mir zu: »Jetzt bist du an der Reihe, Jen.«

81

Es liegt mir nicht, vor Leuten zu reden und im Mittelpunkt der Aufmerksamkeit zu stehen, aber ich hatte einfach das Bedürfnis, aufzustehen und etwas zu sagen. Es war schließlich meine Großmutter, wegen der alle gekommen waren, meine Sam. Als ich nach vorne ging, drehte sich mir der

Kopf, und ich hatte das Gefühl, jeden Moment ohnmächtig zu werden.

Dann stand ich da mit dem Rücken zum See, zu meiner Rechten ein besonders schönes Schwarz-Weiß-Foto von Sam. Ich blickte in die traurigen und doch erwartungsvollen Augen der Freunde meiner Großmutter. Brendans Lächeln gab mir Mut; Doc zwinkerte mir aufmunternd zu, und endlich spürte ich, wie ich ruhiger wurde.

»Zuerst einmal muss ich um Nachsicht bitten«, begann ich. »Ich bin nicht besonders gut im Reden, aber es gibt da ein paar Dinge, die ich unbedingt loswerden muss. Als Kind habe ich jedes Jahr meine kostbaren Sommerferien hier in diesem Haus bei Oma Sam verbracht.«

Meine Stimme versagte, als ich das erste Mal ihren Namen aussprach. Aber jetzt war es mir schon gleich, ob ich weinte oder nicht, und ich machte einfach weiter.

»Wir beide waren von Anfang an die besten Freundinnen. Wir haben uns einfach auf Anhieb verstanden – die Chemie hat gestimmt, wir hatten die gleichen Ansichten und konnten über dieselben Dinge lachen und weinen. Ich liebte sie über alles und war voller Bewunderung für sie.

Abends, wenn ich im Bett lag, habe ich ihr immer meine geheimsten Gedanken anvertraut. Sam saß bei mir im dunklen Zimmer und hielt meine Hand. Manche Kinder fürchten sich vor der Dunkelheit, aber ich liebte sie – jedenfalls, solange Sam bei mir war.

Und jetzt ist es ein bisschen so wie damals. Ich kann Sam nicht sehen, aber ich weiß, dass sie da ist.

Es ist noch nicht lange her, da hatte ich mich ganz in mich zurückgezogen, weil – nun ja, weil es mir einfach zu wehtat, mich dem Leben zu stellen. Es war Sam, die mich behutsam aus meinem Schneckenhaus herauslockte und mir den Schleier der Traurigkeit von den Augen nahm. Es war Sam, die mir wieder den Weg zur Liebe zeigte. Sam führte mich zu Brendan, den ich von ganzem Herzen liebe.

Aber es gibt ein Geheimnis, das ich Sam nicht mehr anvertrauen konnte, und so will ich es ihr jetzt sagen. Sam, meine Liebe – Samantha –, ich habe eine wunderbare Neuigkeit für dich. Brendan und ich bekommen ein Baby. Deine erste Urenkelin – oder dein erster Urenkel.«

Jetzt konnte ich die Tränen nicht mehr zurückhalten, aber ich wusste, dass ich zugleich auch lächelte. Ich sah Doc an, und er strahlte. Und Brendan auch.

»Seht ihr jetzt nicht Sams Gesicht vor euch? Wie sie strahlt; wie Sam einem *zuhört*, als wäre man der wichtigste Mensch auf der ganzen Welt.

Es fällt mir schwer zu glauben, dass sie unser Baby nie sehen wird. Nein, ich denke, sie wird schon irgendeine Möglichkeit finden.

Aber ich frage mich auch, ob er oder sie Sams wunderschöne Locken haben wird. Oder diese funkelnden blauen Augen, oder ihr erstaunliches Talent, so viele Menschen zu lieben, so wunderbare Freunde um sich zu sammeln.

Aber eines ist sicher: Unser Kind wird alles über seine Urgroßmutter wissen, was für ein fantastischer Mensch sie war. Ich kann ihm oder ihr all die Geschichten von Sam erzählen, weil Sam sie mir erzählt hat. Ich weiß genau, wer meine Großmutter war, und das ist ein ganz kostbares Vermächtnis.

Und ganz gleich, ob es ein Junge oder ein Mädchen wird – der Name unseres Babys wird *Sam* sein.«

82

Noch viele Stunden lang erzählten Sams Freunde und die Familie an diesem Nachmittag Geschichten von ihr, einige enge Freunde und auch ein paar nicht so enge blieben bis zum spaten Abend, und jede Geschichte schien noch ein bisschen besser als die vorige. Natürlich hatte ich mehr zu erzählen als alle anderen. Ich hatte ja Sams Briefe. Nur konnte ich nicht allzu viel von dem preisgeben, was ich wusste. Wir hatten schließlich unser kleines Geheimnis – Doc, Brendan und ich.

Am Abend nahm Brendans Onkel Shep mich beiseite, bevor er ging. Er gab mir einen Kuss auf die Wange und sagte: »Ich wollte damit warten, bis es ein bisschen ruhiger ist. Du warst wirklich großartig heute, Jennifer. Es hat mir so gefallen, was du über deine Großmutter gesagt hast. Sam wollte, dass ich dir das hier gebe. Ich habe es in der Kanzlei für dich aufbewahrt.«

Ich nahm den weißen Leinenumschlag aus Sheps Hand. Noch ein Brief von ihr? Was hatte sie mir nun zu sagen? Etwa noch ein dunkles Geheimnis?

Ich steckte den Finger unter die Klappe des Umschlags, öffnete ihn und zog ein einzelnes Blatt hervor. Ich begann zu lesen.

Liebste Jennifer,

das hier ist wahrscheinlich unser letztes »Gespräch«, aber sei nicht traurig – das war doch noch nie unsere Art. Als dein Großvater und ich das Haus am See vor fünfzig Jahren kauften, war es kaum mehr als eine Blockhütte auf felsigem Untergrund, aber es hatte einfach diesen fantastischen Seeblick. Ich habe so viele wunderbare Erinnerungen an dieses Haus, genau wie du. Noch heute sehe ich dich und deine Mutter vor mir, wie ihr gemütlich auf dem Sofa vor dem Kamin sitzt, während ich in der Küche den Kochlöffel schwinge. Im Ostzimmer im Obergeschoss hat Valerie den kleinen Bobby zur Welt gebracht, und später hat er – genau wie du – den Küchenboden mit seinen Schlittschuhkufen ruiniert. Die Kratzer kann man heute noch sehen. (Natürlich habe ich immer schon gewusst, dass ihr das wart.) Ich kann mich an all die Sommertage erinnern, die wir auf der Veranda verbracht haben, aber ganz besonders erinnere ich mich an die schönen Zeiten mit dir, Jennifer. Du warst immer mein »bestes Stück«.

Ich schaue hinaus auf den See, während ich dies schreibe. Bald wird der Winter kommen; dann werden die Bäume sich mit einer glitzernden Eisschicht überziehen, und die Schneeflocken werden über dem See wirbeln wie ein feiner Spitzenvorhang. Ich kann es kaum erwarten.

Aber ich freue mich auch schon auf den Frühling. Dann werden die frisch gestrichenen Bootsstege wieder ins Wasser gesetzt, der Garten wird sein Schneekleid abwerfen, und alles wird wieder wachsen, blühen und gedeihen. Auch das Unkraut … Man sagt ja so schön: »Unkraut vergeht nicht«, und das habe ich auch gesagt, als ich dem Tod noch einmal von der Schippe gesprungen bin – nur dass es leider nicht ganz wahr ist. Wir leben nicht ewig, und deswegen sorge ich lieber heute als morgen für die Zukunft vor.

Natürlich habe ich alle, die ich liebe, gebührend bedacht, aber für dich habe ich ein ganz besonderes Geschenk. Du findest es zusammen mit diesem Brief in dem Umschlag. Behandle es gut – nicht, dass ich daran irgendwelche Zweifel hätte.

Jennifer, mein Herz ist übervoll, und so war auch mein Leben. Und das ist eine wunderbare Sache. Ich habe meinen Doc, ich habe dich, und du hast Brendan. Ich könnte gar nicht glücklicher sein. Was könnte irgendein Mensch sich Besseres wünschen?

Ich umarme dich – und vergiss nicht: *Du bist meine beste Freundin, du bist mein »bestes Stück«.*

Sam

Da war ein kleiner, ziemlich schwerer Gegenstand in dem Umschlag, der plötzlich verrutschte, sodass der Umschlag mir aus der Hand glitt. Ich bückte mich, um ihn aufzuheben, und ein Messingschlüssel fiel heraus, der mit einem zerfransten roten Bindfaden an ein Pappschildchen gebunden war.

Ich hob den Schlüssel auf und las, was auf dem Schildchen stand.

Auf die eine Seite hatte Sam geschrieben: *23 Knollwood Road. Das Haus gehört jetzt dir, Jennifer.*

Auf der anderen Seite stand nur ein kurzer Spruch. Ich las, was Sam geschrieben hatte. Die letzten Worte, die sie je an mich richten würde.

Die Liebe stirbt niemals.

Epilog

Bilder für Sam

83

Brendan und ich drapieren uns auf der Couch vor der nagelneuen, mit allen technischen Raffinessen ausgestatteten Videokamera. Alles ist bereit für unser allererstes Heimvideo.

Wir sind in unserer neuen Wohnung in Chicago, mit Blick auf den Michigansee, und wir sind beide total aufgeregt. Das ist ein wichtiger Moment in unserem Leben, ein bahnbrechendes Ereignis – müsste man jedenfalls annehmen, wenn man uns so sieht.

»Bist du so weit? Okay, dann kann's ja losgehen«, sagt Brendan. Er springt auf und schaltet die Kamera ein. Er sprüht zur Zeit nur so vor Lebensfreude und Energie – hat noch mal Bewährung gekriegt –, aber das gilt ja für uns alle, wie? »Fang du an, Jen«, sagt er. »Du bist doch nie um Worte verlegen.«

»Hallo, Samantha«, sage ich und winke mit einem ziemlich albernen Grinsen in die Kamera. »Ich bin's, deine Mama – als sie fünfunddreißig war und noch zu ihrem Alter gestanden hat.«

Jetzt hält auch Brendan das Gesicht in die Kamera. »Und ich bin dein stolzer und überglücklicher Papa, und das seit ziemlich genau vierzehn Tagen und elf Stunden.«

»Wir haben dich sehr, sehr lieb, mein Schatz, und wir haben beschlossen, dass wir uns zweimal im Jahr –«

»Vielleicht auch öfter«, unterbricht mich Brendan. »Deine Eltern sind nämlich verhinderte Schauspieler, musst du wissen. Und wie du schon gemerkt hast, hören wir uns gerne reden.«

»… filmen werden«, nehme ich den Faden wieder auf, »damit du einen Eindruck davon bekommst, wer wir sind, wie wir sind, worüber wir uns so Gedanken machen – und natürlich, wie sehr wir dich lieben.«

Ich sehe Brendan an, und er fährt fort. Wir haben uns vorher ein grobes Skript zurechtgelegt.

»Ja, denn dann kannst du dir später einmal, wenn du so alt und gebrechlich bist wie wir jetzt – oder wie ich jedenfalls –, diese Filme anschauen, und dann weißt du, wie wir so drauf waren. Ist das nicht cool?«

»Und wie *albern* wir waren … Aber auch, wie glücklich und dankbar wir sind, dass du unsere Tochter bist. Im Moment schläfst du gerade – du schläfst ja überhaupt immer so brav, ich bin ganz begeistert.«

Brendan fängt an zu klatschen und lässt Sam sein Filmstar-Lächeln sehen. »Yippeee! Gut gemacht, Samantha! Nur weiter so! Bravo, Mädchen!«

»Samantha«, sage ich, »du hast wunderschöne blaue Augen, ein umwerfendes Lächeln, genau wie dein Vater, und wir können beide gar nicht genug von dir kriegen.«

»Und außerdem hast du eine wunderschöne Vollglatze –Mama zieht dir immer rosa Sachen an, damit wir nicht vergessen, dass du ein Mädchen bist«, spottet Brendan, aber wie immer kann man ihm einfach nicht böse sein.

»Und jetzt noch eine interessante Anekdote«, sage ich. »Als du geboren wurdest – gleich in deinen ersten Sekunden auf dieser Welt –, da hast du dich umgesehen wie ein neugieriges kleines Vögelchen, das zum ersten Mal über den Nestrand guckt. Du hast mich angeschaut – wer ist denn die da? –, dann hast du deinen Papa angeschaut – wer ist denn der da? –, und dann hatten wir anscheinend den Test bestanden, denn du hast uns beide angestrahlt und bis über beide Ohren gelacht! Aber jetzt kommt's: Der Doktor sagt, dass du uns unmöglich schon sehen konntest! Aber das glauben wir nicht.«

»Ich *bin* der Doktor, und ich glaube es nicht«, sagt Brendan. »Übrigens, habe ich schon erwähnt, dass du eine Glatze hast?«

»Hast du«, sage ich. »Aber wir wollen mit dem Anfang dieser wunderbaren Geschichte anfangen, Samantha. Ich will dir erklären, wie du zu deinem Namen gekommen bist. Es ist ein wunderschöner Name, und die Geschichte dazu ist sogar noch viel schöner. Und du, Sam, bist das Happy End.«

Und dann bin ich eine Weile still, und was ich denke, aber nicht laut sage, ist dies: *Die Liebe stirbt niemals, Sam.*

Danksagung

Mein besonderer Dank gilt Florence Kelleher, die auch noch das Wenige herausgefunden hat, was sie noch nicht über Lake Geneva, Wisconsin, wusste. Dank auch an Lynn Colomello. Und vor allem an Maxine Paetro, meine Freundin und Vertraute, die mir geholfen hat, dieses Buch von Anfang bis Ende (fast) zu formen und das *Ma*ximum herauszuholen.